# 인성교육의 기적

It All Starts at HOME

가난 속에서도 9남매를 명문대 석·박사로 키운
해리스 부부의 명품 인성교육

# 인성교육의 기적

래리 C. 해리스 지음 | 강혜정 옮김

다산지식하우스

"자식을 기르는 부모야말로
미래를 돌보는 사람이라는 것을
가슴속 깊이 새겨야 한다.
자식들이 조금씩 나아짐으로써
인류는 그리고 이 세계의 미래는
조금씩 진보하기 때문이다."

_ 독일 철학자 칸트

# 차례

# 내 인생 최초의,
# 그리고 최고의 선생님

나의 어머니와 아버지는 두 분 모두 고등학교를 중퇴하고 어린 나이에 결혼을 하셨습니다. 흑인이셨던 부모님은 나를 비롯해 총 아홉 명의 아이를 낳으셨습니다.

우리는 미국 남부에서 태어났습니다. 누구라도 당시 우리 가족을 봤다면 자식들 대부분이 학교도 제대로 마치지 못한 채, 일부는 평생 생활보호 대상자 신세를 면치 못하리라고 생각했을 것입니다.

하지만 그런 일은 일어나지 않았습니다. 아버지 프레드 해리스와 어머니 루스 해리스를 알면 자연히 왜 그런지 알게 됩니다. 두 분은 비록 제대로 된 교육을 받진 못했지만 결코 포기하지 않으셨습니다.

아버지는 자식들을 모두 대학에 보낸 뒤 검정고시에 합격하셨고, 이어 경영학 학사학위를 받으셨습니다. 이후 어머니도 학업을 다시 시작해 고등학교를 졸업하셨습니다. 그러고는 나중에 2년제 주립대학의 사무기기 관련 학과 과정을 이수하셨습니다.

부모님께 경의를 표할 일은 그뿐만이 아닙니다. 두 분은 우리 아홉 남매를 모두 명문 대학에 보내셨습니다. 저는 의학 박사이고, 죽은 형 프레드는 치과 의사였습니다. 그리고 여동생 데보라는 철학 박사학위를 땄습니다. 마이클은 경영학 석사학위를, 마이클과 쌍둥이로 태어난 미첼은 과학 분야 학사학위를 땄습니다. 메이벌은 교육학 석사학위를, 다이퍼어드는 국제정치 석사학위를 땄습니다. 막내 프리다와 루스 역시 우수한 성적으로 대학을 졸업했습니다.

물론 우리 형제자매들의 학업 성취도를 자랑하려고 이 책을 집필한 것은 아닙니다. 부모님은 우리에게 소중한 가치관과 삶의 원칙들을 가르쳐주셨습니다.

부모님이 우리에게 알려주신 가치관과 원칙이 우리의 삶의 방향을 결정하고, 우리를 강인하게 단련시켰으며, 우리가 타인을 사랑하고 돕게 이끌었습니다. 우리가 성장하여 집을 떠나던 시점과 현재까지 우리 형제자매들의 모습을 들여다보면, 부모님의 가르침이 얼마나 유효했는지를 확인할 수 있습니다. 우리 형제들은 시련과 유혹 속에서도 항상 부모님의 가르침을 따르고, 부모님의 이름을 더럽히지 않으려고 노력했습니다.

현재 우리 형제들은 모두 사회에 보탬이 되는 건설적인 일을 하고 있습니다. 서로의 직업은 다르지만 남을 돕는다는 목적에 충실했기 때문입니다. 이 또한 부모님께서 가르치신 삶의 방식입니다.

부모님은 가르치실 뿐 아니라 스스로 실천하셨습니다. 자신들이 자식에게 바라는 삶을 직접 사신 분들이었습니다. 두 분의 모범적인 삶을 자식인 우리는 따르지 않을 수 없었습니다.

내가 부모님의 아들이라는 사실과 두 분이 내게 물려준 이름 그리고 소중한 가르침이 자랑스럽습니다. 또한 부모님은 지혜와 분별력을 겸비한 훌륭한 분들로 충분히 존경을 받을 만합니다.

그렇지만 단지 부모님께 찬사를 바치고 경의를 표하고자 이 책을 집필한 것은 아닙니다. 나와 내 형제들은 오래전부터 우리의 어린 시절을 알려야겠다고 생각했습니다. 사람들이 우리의 이야기를 통해 자녀를 훌륭하게 키우는 소중한 원칙들을 알고 실천해 좋은 결실을 얻기 바라는 마음에서입니다. 부모님이 우리에게 보여준 사랑을 통해 자녀를 올바르게 양육하고 각자 삶의 길을 찾아가도록 돕는 방법이 무엇인지 알 수 있을 것입니다.

가정에서의 인성교육은 사회의 안정과 번영을 위해 무엇보다 중요합니다. 가족이라는 작은 단위가 모여 사회가 이루어지기 때문입니다. 그러나 안타깝게도 오늘날 인성교육의 가치는 과거 어느 때보다 중요성을 잃어가고 있습니다. 지식 중심의 교육, 개인 위주의 생활 변화로 인해 전통적으로 내려오는 정신적 가치들이 공격을 받고 있으며, 점점 존재도 위협받고 있습니다. 이는 세계 여러 나라에서 보이는 공통적인 현상으로, 특히 필자가 살고 있는 미국이 더욱 그러합니다.

이 책은 무척이나 단순한 한 가지 원칙에 기초하고 있습니다. 인성이야말로 인간이 성장하는 데 가장 중요한 역할을 하며, 그 인성의 뿌리가 바로 가족이라는 것을 말입니다.

우리 형제자매들이 배운 단 한 가지 가르침을 들라면 바로 이것입니다. 우리는 몸과 마음을 다하여 서로를 사랑하고 신에게 헌신함으로써 온갖 궂은일을 극복하고 좋은 일을 나누며 꿋꿋이 살아올 수 있었습니다.

개인적인 성공과 사랑, 다른 사람과 더불어 사는 삶에 대해 우리가 아는 모든 것은 바로 부모님에게서 배운 것입니다. 부모님은 진정한 인성교육이란 훌륭한 부모로부터 비롯되는 것이며, 모든 것이 가정에서 시작된다는 것을 몸소 가르쳐주셨습니다.

래리 C. 해리스

# Chapter
# 01

자기
존중

# 가족에 대한
# 자긍심을
# 갖게 하라

"네 성은 해리스야. 자랑스러운 성이란다.
네가 세상 누구와도 다르지 않은
평등한 존재라는 의미기도 하지."

1956년 어느 봄날 아침이었다. 대형 할인매장에 들어서자 간이식당의 기다란 카운터가 먼저 눈에 들어왔다. 카운터 앞에는 등받이가 없는 높은 의자들이 쭉 늘어서 있었다. 하지만 내가 뭐라고 졸라보기도 전에 어머니는 내 어깨를 꽉 잡고 그 식당을 지나쳐 다른 가게로 데리고 가셨다.

약 10분쯤 뒤 우리는 다시 그 간이식당으로 향했다. 카운터 앞에 의자는 모두 비어 있었다. 신이 난 나는 어머니와 형 프레드를 앞질러 뛰어가서 첫 번째 의자를 잡았다. 어머니와 형은 나를 보지 못한 채 계산대 옆으로 걸어가서 소다수를 주문했다. 그사이 난 빙글빙글 돌아가는 의자가 신기해서 두세 번쯤 휙휙 돌려 보았다.

"이야, 형. 여기 좀 봐!"

형을 부르다 어머니와 눈이 마주치자 내가 활짝 미소를 지어 보였다. 하지만 어머니는 미소로 화답하지 않았다. 대신에 차분하게 말씀하셨다.

"의자에서 내려와라, 래리 해리스."

'왜 앉지 말라는 걸까?' 나는 의아한 마음에 어머니를 가만히 쳐다봤다. 그곳에 사람이 서너 명이라도 있었다면 난 의자에 앉지 않았을 것이다. 부모님은 어른이 계실 때는 서 있으라고 가르치셨으니까. 하지만 간이식당은 비어 있었다.

"왜요, 엄마?"

마침내 내가 물었다. 순간 어머니의 얼굴에 한없이 서글픈 표정이 잠시 스쳤다. 하지만 표정 변화는 또렷했다. 당시 어머니의 눈 가득 비치던 비통한 표정이 지금도 생생하다. 그리고 당시의 경험 역시 어제 일같이 또렷하다.


당시 나는 여섯 살이었다. 어머니는 형과 나를 데리고 쇼핑센터로 갔다. 왜 갔는지 정확하게 기억나지는 않지만 아마도 옷을 사러 가지 않았나 싶다. 옷 말고는 아버지가 근무하시는 육군 기지에서 모두 살 수 있었으니까.

한 살 위였던 형 프레드는 나보다 더 신이 났다. 어린 우리에게 차를 몰고 시내까지 가서 대형 백화점들 사이를 걸어 다니는 것이 얼마나 신나는 모험이었는지 모른다. 더군다나 어머니가 집에 돌아가기 전에 소다수를 사주겠다고 약속까지 하셔서, 안 그래도 신나던 나들이가 한층 흥겨워졌다. 어린애에게 그보다 더 신나는 일이 뭐가 있겠는가.

어머니는 사야 할 물건 목록을 미리 적어 오셨다. 두 시간쯤 가게
를 들락날락거렸던 것 같다. 그렇게 많은 사람들이 허겁지겁 이리저
리 움직이는 모습은 처음이었다. 우리는 미국 흑인 가족이었다. 나는
태어나서 줄곧 백인들과 접촉하며 자랐지만 대개는 아버지가 근무
하시는 육군 기지에서였다. 하지만 그날은 기지가 아니라 모든 곳이
백인 천지인 것 같았다.

서너 가게를 들러 물건을 산 다음 어머니가 우리에게 다짐하듯 말
씀하셨다.

"한 군데만 더 가자, 얘들아. 그러고 나면 엄마가 약속한 소다수를
사주마."

대형 할인매장에 들어가서 어머니는 먼저 생각했던 물건을 사셨
다. 다음 순서가 무엇인지 나는 잘 알고 있었다. 바로 맛있는 청량음
료! 그리고 난 생각과 동시에 어머니와 형을 앞질러 가서 의자에 앉
았던 것이다.

"내려와라, 래리."

어머니가 나에게 걸어오며 다시 한 번 말씀하셨다.

"얘야, 거기에 앉으면 안 된단다."

"얌전히 있을게요."

내 애원에도 어머니는 내 양팔을 잡아 의자에서 끌어내리셨다. 어
린 나는 영문을 몰라 어머니를 바라보았다. 어머니는 심호흡을 하시
더니 낮은 소리로 말씀하셨다.

"백인들만 앉는 의자란다."

그러고는 나를 끌어당겨 오랫동안 꼭 껴안으셨다.

"물론 너는 백인과 다를 게 없단다, 래리. 다만 법이 그럴 뿐이야."

그 뒤 어머니가 들려주신 이야기를 전부 기억하지 못한다. 다만 어머니가 화난 표정이 아닌 차분한 목소리로 말씀하셨던 것은 또렷이 기억한다.

"법이 옳은 건 아니야. 하지만 상황이 그렇단다."

"죄송해요, 엄마……."

"미안해할 필요 없다. 고쳐야 할 것은 법이야. 더군다나 넌 모르고 있었잖니. 하지만 네가 꼭 기억해줬으면 하는 게 있단다. 네 성은 해리스야. 자랑스러운 성이란다. 네가 세상 누구와도 다르지 않은 평등한 존재라는 의미이기도 하지. 피부색은 중요치 않단다. 내면이 중요한 거야. 그러니 이것만 생각해라. 네 성은 해리스다. 잊지 마라."

그렇다. 나는 결코 잊지 않았다. 누구랄 것 없이 우리 형제들은 모두 집에서 실로 많은 것을 배웠다. 우리의 성이 해리스라는 사실은 그중에서도 특히 중요한 가르침이었다.

부모님의 보호가 완벽했던 것일까? 아니면 직업 군인인 아버지 탓에 바깥세상을 자주 접하지 못해서일까? 아니, 너무 어려 주변에서 일어나는 징후들을 눈치채지 못했던 것인지도 모르겠다. 어쨌든 나는 그날의 일로 지금껏 몰랐던 서글픈 현실을 깨달아야 했다.

프레드 해리스와 루스 해리스의 아홉 자녀 모두를 대신해 나는 자신 있게 말할 수 있다. 우리는 부모님께 물려받은 이름을 존중하고 영예롭게 생각했다. 물론 다른 사람들처럼 이런저런 유혹에 빠지기도 했지만 부모님의 가르침에 따라 유혹을 물리쳤다.

우리 중 누구라도 말썽을 일으키면 부모님이 실망하시고 속상해하실 걸 잘 알았기에 우리 형제들은 부모님께 걱정 끼치지 않으려고 항상 노력했다.

여동생 메이벌이 고등학교를 다닐 때 일이다. 메이벌은 소위 말하는 '불량한' 아이들과 어울리기 시작했다. 우리 가족은 메이벌에게 그 아이들과 어울리지 말라고 말하지는 않았다. 다만 메이벌 스스로 그 결과를 깨닫도록 했다. 아버지와 어머니는 이렇게 말씀하셨다.

"그 아이들과 어울리면 결국엔 너도 그 아이들처럼 될 거란다."

"네가 지켜온 규범과 원칙들을 어기게 될 거야. 친구들을 너처럼 만들 순 없을 테니까. 얘야, 그 아이들은 너를 타락시킬 거야."

"엄마, 아이들은 그냥 재밌게 지내자는 것뿐이에요."

메이벌이 항의했다. 어머니는 그 아이들이 말하는 '재미'라는 게 뭔지, 그리고 그것이 우리 집에서는 용납되지 않는다는 걸 잘 알고 계셨다. 하지만 어머니는 "교장 선생님 딸이 뭔가 잘못된 행동을 한다 해도 엄만 신경 쓰지 않는다. 하지만 너는 달라. 너는 그래서는 안 된다. 우리 집 아이니까"라고만 말씀하셨다.

며칠 뒤 메이벌은 그들과 어울리지 않기로 결심했다. 나중에서야 메이벌은 이렇게 말했다.

"어머니가 옳았어. 나도 사실 잘못한 줄은 알았지. 아마 어머니가 말씀해주시기를 기다렸나 봐. 넌 '우리 집 아이'라는 말."


　우리 형제자매들 모두 우리에게는 존중하고 예우를 갖춰야 할 집
안의 이름과 받들고 지켜야 할 삶의 방식이 있다고 믿으며 성장했
다. 우리는 해리스라는 성과 부모님의 자식이라는 것에 긍지를 느꼈
기에 집안의 명예를 더럽히는 일은 아무것도 하고 싶지 않았다.
　"내 이름에 부끄럽지 않게 살아야 한다는 생각이 날 강단 있는 사
람으로 만들어준 것 같아."
　여동생 프리다의 말이다.
　"모든 일을 정말 열심히 했지. 나는 아버지 어머니의 아이니까 어
떤 어려움도 극복할 수 있을 거라 생각했어. 물론 게으름을 피우고
싶을 때도 있었지. 그때마다 어머니 목소리가 들렸어. '네 성이 해리
스란 걸 항상 기억해라' 그 한마디로 충분했어. 나는 유혹을 떨치고
전보다 열심히 공부하고 일을 했지."
　부모님은 엄하셨다. 부모님은 좋은 정도가 아니라 최선을 보여주
길 바라셨다. 물론 부모님의 엄한 양육 방식을 꺼려하는 사람들도
많았다.
　"아직 어린아이인데 너무 많은 걸 기대하는 거예요."
　언젠가 이웃 아주머니가 어머니께 말씀하셨다. 부모님은 날이 어
두워지면 우리에게 외출을 삼가게 하셨는데, 그걸 이해하실 수 없었
던 모양이다.
　"그렇게 엄하게 대하면 커서 반항심만 커져요."

그때 어머니의 대답은 단호하셨다.

"아이들한테 인기나 얻자고 자식을 키우는 게 아닙니다. 옳은 일을 하도록 가르치는 게 목표지요. 아이들이 항상 저희 방식을 좋아할 수는 없겠지요. 하지만 이렇게 가르치면 언제 자신들이 잘못하고 있는지 알게 될 겁니다."

나와 내 형제들은 지금까지도 어머니의 그 말씀을 기억하고 있다.

동생 다이피어드는 어머니가 유독 우리 형제들의 올바른 행동을 강조하셨던 것을 다음과 같이 해석했다.

"어머니는 해리스 집안 사람이라는 게 무척 소중하다는 사실을 우리가 깨닫게 하려고 노력하셨어. 늘 이렇게 말씀하셨지. '사람들 눈을 똑바로 쳐다봐라, 머리를 꼿꼿이 들어라, 자긍심을 가져라, 넌 해리스라는 성을 가진 우리 집 아이니까'라고 말이야."

다이피어드는 군대에서도 어머니의 가족에 대한 가르침을 적용해, 자신과 관련된 사람들을 '가족'처럼 생각하고 작전에 임했다.

다이피어드는 이렇게 이야기했다.

가족에 대한 강조는 어머니의 가르침에서 무엇보다 중요한 핵심이었어. 성인이 된 뒤에 나는 그 가르침이 군대 생활에도 크게 도움이 되었다는 사실을 깨달았지. 어머니는 우리에게 자긍심을 갖고 늘 고개를 빳빳이 들고 다니라고 가르치셨어. 몸이 편찮으시거나, 아버지가 안 계셔서 힘들고 외로울 때도 그런 상황은 개의치 않고 항상 전체 가족을 생각하셨지.

지금도 어려울 때면 나는 집에서 배우고 터득한 가르침에 의지해. 어려움의 원인이 사람이든 일이든, 나는 나에게 이렇게 말하지. '나는 프레드 해리스와 루스 해리스의 아들이다.' 이상하게도 그렇게 하면 정말 힘이 생겼어. 어머니는 우리 집의 일원이라는 사실이 개개인보다 힘이 있다고 믿게 하셨으니까.

나도 같은 방법으로 병사들이 어려움을 극복할 수 있게 돕곤 해. '우리는 개개인이 아니라 더 큰 것을 지키고 보호해야 할 의무가 있다. 그러니 실패란 있을 수 없다. 우리는 군대라는 가족 전체를 위해 굴하지 않고 맞서 싸워야 한다.' 이렇게 말이야.

보스니아에서 특수 임무를 띤 기동 부대를 지휘하고 있을 때의 일이야. 당시 우리 부대에는 AH-64 공격용 아파치 헬리콥터 열여덟 대와 OH-58D 정찰 및 공격용 헬리콥터 열네 대가 있었어. 1999년 어느 날 밤이었어. 세르비아군이 아군의 F-117 스텔스 제트 폭격기 한 대를 격추시켰어. 조종사는 다행히 긴급 탈출했지만 세르비아 영토 내에 있었지.

전투 지휘관이 자고 있는 나를 깨워서 상황을 간략히 설명했어. 이미 자체 구조팀을 파견했다는 내용이었지. 파견한 구조팀이 실패하면 수색 구조용 헬리콥터 두 대가 세르비아로 출동하게 될 것이고, 우리 쪽 아파치 헬리콥터 네 대도 호위를 위해 함께 출발해야 하는 상황이었지. 더 이상의 자세한 정보는 없었어.

우리는 아파치 헬리콥터 조종사들에게 임무를 지시했어. 전투 지휘관이 "여러분은 2단계 작전에 투입된다. 1단계 작전이 실패하면, 여러분이 출동하도록" 하고 명령을 내렸지.

정보가 부족한 게 걱정스럽긴 했지만 나는 적진 안에 혼자 있을 아군 조종사를 생각했지. '그는 우리 가족의 일원이다. 그러니 우리는 그를 구출해야 한다'고 말이야.

구출임무 투입을 기다리던 한 조종사가 "상세 정보도 없이 우리가 조종사를 성공적으로 구해올 수 있을까?" 하고 의문을 표시하더군.

내가 그 조종사의 눈을 들여다보며 침착하게 대답했지.

"적진에 떨어진 미국인 조종사 한 명이 있다. 상세한 정황을 알 수 있다면 더없이 좋을 것이다. 하지만 상황은 그렇지 못하다. 그렇지만 그는 우리 가족이다. 전투 지휘관이 요청하면, 우리는 조종사를 구하러 간다."

조종사가 약간 놀란 표정으로 나를 보고 있었어. 이어서 나는 덧붙였지.

"자네가 그런 상황이었다 해도 나는 같은 선택을 했을 것이다."

다행히 우리는 격추된 비행기 조종사를 찾으러 갈 필요가 없었겠어. 처음 투입된 팀이 조종사를 찾아 무사히 귀환했으니까. 하지만 소중한 경험이었어. 그 일로 모든 부대원이 우리가 군대라는 가족의 일원이라는 사실을 깨닫게 되었지. 가족이니까 서로를 위해 희생할 수도 있다는 사실을 말이야.

다이퍼어드는 가족이라는 가치를 무엇보다 존중했던 것이다. 이는 우리 형제들 모두 마찬가지였다.

나는 아버지 어머니의 자식임을 영광으로 여기며, 부모님께 물려받은 유산을 진정 자랑스럽게 생각한다. 자라면서 우리가 배운 첫 번째 교훈은 집안의 이름을 더럽히는 일은 어떤 것도 해서는 안 된다는 것이다. 이는 단순한 체면치레와는 다르다. 우리는 집안의 명예를 지키는 일을 생활의 중요한 원칙으로 삼고 철저하게 지켰다.

어머니는 또 이렇게 말씀하셨다.

"사람들이 너더러 무슨 말을 하든, 네가 진실이 아니라는 사실을 안다면 그 말은 중요하지 않단다. 네가 진실을 알면 하나님도 진실을 아신단다. 중요한 건 그것뿐이다."

데보라는 어머니의 가르침을 종종 이렇게 말한다.

"네 이름을 지켜라. 이름을 잃으면 자신을 잃는 것이니까."

해리스라는 이름은 우리 형제자매들이 강인한 의지와 자긍심, 공감을 통해 힘겨운 현실을 극복할 수 있게 해주었다.

# Chapter
## 02

정직과
실천

# 아이들에게
# 가르치고 싶은 것을
# 몸소 실천하라

"정직한 일이고 열심히 한다면
어떤 일이든 괜찮단다."

"아빠! 아빠!"

내가 소리 지르며 현관으로 뛰어가자 프레드 형과 아직 아기였던 데보라가 뒤를 따랐다.

내가 네다섯 살 무렵 아버지를 맞이하러 뛰어나가는 것은 하루의 일과 중 중요한 행사였다. 당시 아버지는 노스캐롤라이나 주 포트브 래그 육군 기지에서 근무하셨다.

아버지가 차를 주차하기도 전에 우리 셋은 집 앞 진입로에 도착했다. 미리 아버지의 귀가를 알고 마치 경주를 하듯 뛰어나가는 것이었다. 어떻게 그랬는지 우리는 집 앞 진입로에 차가 보이기 전에, 실제로 200여 미터 떨어진 곳에서 들리는 아버지의 차 소리를 들을 수 있었다. 텔레비전 소리까지 들리는 상황인데 우리는 신기하게도 아버지 차 소리를 정확하게 구별했다. 우리 세 형제가 일제히 달려 나가 아버지는 맞이하는 일은 정말이지 특별한 것이었다.

아버지는 하사관 군복을 입으신 채로 차에서 내리셨다. 땅딸막하고 단단한 체격의 아버지는 그다지 큰 편은 아니었지만 당시 우리한테는 무지 큰 사람으로 보였다.

"프레드! 래리! 데보라!"

아버지는 항상 몸을 숙이고 우리 셋이 다가올 때까지 기다리셨다. 그러고는 우리 셋을 한꺼번에 껴안아 들어 올리셨다. 춤을 추듯 가볍게 몇 발짝을 떼거나, 우리를 공중으로 던지는 시늉도 하셨다. 어린 마음에도 아버지가 집에 계셔서 너무 좋다는 생각을 했다.

이런 일상 속에서 집이 아버지가 하루 일과가 끝나면 돌아오는 단순한 '공간' 이상의 의미를 갖는다는 사실을 새삼 깨달았다. 집은 아버지가 우리와 함께 있어주고 놀아주는 곳이었다. 아마 모든 아이들이 그렇겠지만 당시 나는 아버지가 세상에서 제일 힘이 세고 사랑이 깊은 분이라고 믿어 의심치 않았다.

"오늘도 착하게 잘들 있었지, 얘들아?"

아버지는 우리를 보자마자 매일 이렇게 물으셨다. 그러면 나는 "그럼요, 아빠" 하고 당당하게 대답하곤 했다. 하지만 더러는 "전 오늘 나쁜 짓 했어요, 아빠" 하고 대답할 때도 있었다.

"우리 아들이?"

아버지는 나를 내려놓으시더니 내 어깨에 두 손을 올리셨다. 그러고는 믿기지 않는다는 표정으로 내 얼굴을 들여다보셨다.

"나쁜 짓을 했다고? 우리 아들이 착한 아이가 아니었다니, 아빤 믿기지가 않는구나."

"하지만 앞으로는 착하게 행동할게요. 약속해요."

나는 항상 아버지에게 잘못을 고백했다. 눈물을 흘릴 때도 있었지만 거짓말은 하지 않았다.

내가 잘못을 고백할 때면 아버지는 귀 기울여 들어주신 다음 이렇게 말씀해주셨다.

"다 괜찮다. 오늘 있었던 일은 훌훌 털어버리고 앞으로 나아가는 거야."

그러고는 나를 다시 안아주셨다. 나는 이때를 가장 좋아했다. 아버지의 포옹에 정말 모든 것이 해결되는 느낌이었다.

아버지를 존경하고 사랑하라는 가르침을 특별히 받지는 않았다. 그럴 필요 없이 우리 모두 아버지를 사랑했고, 아버지의 인정을 받는 것이 더없는 기쁨이었다.


우리를 껴안고 하루가 어땠는지 물으신 후 아버지는 보통 차 뒷문을 열고 전투복을 꺼내셨다.

"아빠 좀 도와주렴, 얘들아."

프레드 형과 내게 하는 말씀이다. 물론 혼자서도 하실 수 있지만 우리에게 일부러 도움을 청하셨다. 나이가 든 다음에야 깨달았지만, 우리에게 함께 일하는 것의 가치를 가르치는 아버지 나름의 방식이었다.

아버지는 매일은 아니지만 종종 전투복을 집으로 가져오셨다. 아버지는 소대의 하사관이었는데, 소대원들의 전투복에 계급장을 달아주는 일을 부업으로 하셨다. 기지 세탁소에 맡기면 50센트였는데 아버지는 반값인 25센트에 그 일을 해주고 계셨다.

"우아, 오늘은 정말 많이 가져오셨네요."

내가 놀라면서 말했다.

"그래도 오늘 밤에 다 할 수 있을 거다. 왜 그런지 아니? 이렇게 든 든한 도우미들이 있으니까."

우리는 전투복 옮기는 일 외에 다른 도움을 드리지는 않았다. 하지만 작은 일이나마 아버지를 도와드리면서 뿌듯함을 느낄 수 있었다. 우리가 그러는 사이 어머니는 아버지가 일할 수 있도록 준비를 해놓으셨다. 덕분에 아버지는 자리에 앉아 바느질을 시작하시기만 하면 되었다.

사실 소대의 하사관이라는 신분에 부하들의 옷을 가져다 바느질을 한다는 게 그다지 폼 나는 일은 아니다. 지금도 생각하면 이 때문에 사람들이 아버지를 더욱 무시했다는 생각도 든다.

하지만 확실한 것은 아버지는 이 일을 절대로 부끄러워하지 않으셨다. 아버지는 이발이나 택시운전도 하셨다. 뿐만 아니라 기지 안에 있는 볼링장에서도 일하셨고, 퇴역군인회 사무실 경비원으로도 일하셨다.

아버지는 정직하게 돈을 버는 일이라면 어떠한 것이든 품위를 이유로 마다하는 법이 없으셨다. 아버지는 가외 돈을 벌고자 부업을 하셨기에 그 목적이 충족되면 그만이셨다. 사실 아버지가 한 가지

일만 하셨던 적은 거의 없었다. 아버지는 항상 힘들다는 푸념 없이 두 가지 이상의 일을 하셨고, 어머니 역시 그런 아버지에게 너무 일만 한다는 잔소리는 하지 않으셨다.

아버지는 정말 많은 일을 하셨는데, 유독 바느질이 가장 기억에 남는다. 학교에 다니기 시작한 뒤로는 학교를 마치고 돌아오면 가끔은 군복이 너무 많아 우리가 뛰어놀 곳이 부족할 지경이었다. 어쨌든 이 일로 소중한 교훈을 배울 수 있었다. 열심히 일하는 모습이야말로 가장 훌륭한 본보기라는 사실이다. 지금도 눈을 감으면 아버지의 말씀이 생생하게 들린다.

"정직한 일이고, 열심히만 한다면 어떤 일이든 괜찮단다."

내가 고등학교를 다닐 때 아버지는 이렇게 말씀하셨다.

"얘야, 우리 집 아이라면 어떤 일을 하든지 최선을 다한단다. 그러니 우리보다 잘할 사람은 없지."

아버지는 우리에게 무슨 일을 하라고 강요하지 않으셨다. 그저 지켜야 할 기준을 정해주셨을 뿐이다. 그러니 최선을 다하지 않으면, 적어도 아버지께 도리를 다하지 못한 것이었다.

한번은 아버지에게 길 아래 사는 생활보호 대상자 가족에 대해 물어본 적이 있었다.

"아빠 생각엔 다들 힘든 시기를 보내고 있단다. 하지만 우리 가족은 생활보호를 받을 필요가 없단다. 자립해서 스스로를 건사하고 있으니까."

그때도 아버지는 계급장을 달고 계셨는데 잠시 일손을 멈추고는 나를 바라보셨다.

"그래서 아빠가 지금 이 일을 하고 있는 거란다."

그러고는 다시 실에 매듭을 매셨다.

당시에는 말로 설명하기 힘들었지만 지금 생각해보건대 아버지께서 그렇게 온갖 일을 하셨던 까닭은 '중요한 것은 최선을 다하는 삶'이라는 가르침을 몸소 실천하고자 하셨기 때문이다.

아버지는 가족을 제일로 생각하시는 분이기에 격에 맞지 않는 초라한 일이라거나 너무 힘든 일이라는 생각 따위는 전혀 하지 않으셨다. 그저 당신의 부업으로 가족이 풍요롭기를 바라셨기에 계급장을 바느질하든, 경비를 서든, 택시를 운전하든 어떤 종류의 일이냐는 아버지에게 중요하지 않았던 것이다.

아버지는 이미 좋은 본보기를 보이셨다. 훌륭한 본보기를 따르는 것은 힘든 일이 아니다. 나는 아버지가 자랑스러웠고 아버지의 아들이라는 사실이 자랑스러웠다.


부모님은 야단을 치실 때도 긍지를 잃지 않게 하셨다. 내가 두 살 때 일이다. 어느 날 나는 벽에서 아주 작은 벽토 조각을 떼어 먹었다. 맛있었다. 아니, 정확히 말하자면 어린 나는 벽토가 좋아 죽을 지경이었다.

아이들이 분필, 점토, 먼지, 벽토 따위를 먹는 데 탐닉하는 경우가 있는데, 파이카 신드롬Pica Syndrome 즉 이식증異食症의 일종이다. 당시에는 대부분 벽토에 납 성분이 들어간 착색제를 사용했다. 벽토를 먹은 나는 심각한 질병에 걸리거나 중독되어 죽을 수도 있었다. 하지만 두 살배기였던 나는 그런 것을 따지기에는 너무 어렸다. 그저 벽토가 좋다는 생각밖에 없었다. 그래서 가능한 많이 먹어댔다.

벽토를 조금씩 떼어낼 때마다 떨어져 나간 자국이 점점 커졌고, 마침내 어머니의 눈에 띄었다. 당연히 어머니는 내 볼기를 때리며 혼을 내셨다.

"그러면 안 되는 거야!"

"네, 엄마."

나는 대답과 함께 다시는 그러지 않겠다고 약속했다. 하지만 그때뿐, 다시 벽토를 먹기 시작했다. 어머니의 꾸지람 역시 계속됐다. 그러자 나는 영악해졌다. 그때 당시 나는 우유병을 물고 다녔는데 어머니가 안 계실 때면 우유병을 벽에 던졌다. 그리고 벽토가 떨어지지 않으면 다시 던지기를 반복했다. 어머니가 가끔 방으로 들어오시면 바닥에 패인 흠을 들키지 않길 바라며 얼른 병을 집어 들었다. 그런 다음 어머니가 나가길 기다렸다가 떨어진 벽토를 주워 먹었다.

어머니 말씀으론 그 집에서 이사 나올 때, 집을 수리해줘야만 했단다. 내가 벽이 엉망이 될 정도로 벽토를 먹어치운 바람에 전체 벽토를 다시 발라야만 했던 것이다.

내가 이런 어린 시절을 기억하는 데는 그럴 만한 사연이 있다. 당시 비록 어리긴 했지만 나는 분명 잘못을 저질렀다. 하지만 어머니는 화보다는 걱정과 사랑으로 나를 대하셨다. 나는 제멋대로인 데다

고집까지 센 아이였는데 어머니는 그런 나에게 소리를 지르거나 못됐다고 말씀하신 적도 없다. 언제나 내가 사랑받는 아이란 점을 잊지 않게 하셨다.

하지만 그런 어머니도 이것만은 명확히 하셨다. 내가 잘못을 저질렀고, 그로 인해 우리 가족이 돈을 물어내야 했다는 사실이다. 나를 비난하는 대신 내 행동이 나뿐 아니라 가족 모두에게 영향을 미쳤다는 사실을 깨닫게 한 것이다. 그때 어머니는 내가 배우고 깨닫지 못할 만큼 어리다고는 생각하지 않으셨다. 어머니는 항상 자식들의 학습 능력을 믿고 성실하게 가르치셨다.

가족을 사랑하고, 열심히 살라고 가르치신 부모님 덕분에 우리는 성공할 수 있었다. 또한 부모님은 옳지 않은 일을 멀리하고 옳은 일을 하라고 가르치셨다. 하지만 가르침으로 끝이 아니었다. 당신 스스로가 그런 삶의 본보기가 되셨고, 우리가 실수하고 실패할 때조차도 우리를 깊은 사랑으로 대하셨다.


가장 훌륭한 본보기는 부모님 삶에 있었다.

1953년 아버지는 노스캐롤라이나 주 육군 기지로 전속 명령을 받으셨다. 그래서 우리 가족은 켄터키 주를 떠나야만 했다. 노스캐롤라이나 주에 정착하자마자 부모님은 페이트빌에 집을 장만하셨다. 처음 가져 보는 우리 집은 육군 기지에서 약 20킬로미터 떨어진 곳에 있었다. 다른 사람들이 그렇듯 우리 부모님도 늘 '내 집' 갖기를 소원하셨다. 이 때문에 아버지는 군에서 지원되는 주택 수당을 받고자

기지를 떠나셨다. 큰 집도, 비싸고 좋은 집도 아닌 방 셋에 화장실이 하나인 평범한 집이었지만 상관없었다. 처음으로 '우리 집'이 생겼으니까.

그 집을 사느라 부모님은 매우 힘드셨을 것이다. 하지만 두 분은 돈이 모자라다거나 윤택한 생활을 못한다고 불평하는 법이 없으셨다. 부모님은 삶을 있는 그대로 받아들이셨고, 주어진 현실에서 우리에게 좀 더 좋은 환경을 만들어주고자 노력하셨다. 당연히 어머니는 적은 돈으로 살림을 꾸리시느라 절약의 달인이 되셨다. 부모님은 늘 서로를 배려하고 돕는 호흡이 잘 맞는 부부셨다.

어머니는 1주일에 한 번 식료품을 사러 육군 기지에 있는 매점에 가셔야 했다. 버스가 다니지 않는 곳이었는데, 우리 집은 차가 한 대뿐이었다. 그래서 어머니가 차를 쓰시는 날이면 아버지는 꼭두새벽에 일어나 날이 밝기도 전에 출근을 하셨다. 가끔 밖을 내다보면 군복을 입고 어두운 거리로 나서는 아버지의 모습이 보였다. 걸음을 서두르시다가 멈추고 뒤를 돌아보며 손을 흔드실 때도 있었다. 날이 어두운 탓에 내가 잘 안 보이셨을 텐데도 아버지는 손을 흔드셨다. 그럴 때면 가슴 깊은 곳에서 뿌듯하고 자랑스러운 마음이 우러나왔다. 자긍심으로 가득해서 "저 분이 우리 아버지다" 하고 생각했던 기억이 난다.

그런 날 아버지는 지나가는 차를 잡아 기지까지 가시고 저녁에도 같은 방법으로 돌아오셨다. 그때만 해도 엄지손가락을 쳐들면 쉽게 차를 얻어 탈 수 있었고, 강도를 만나거나 다치지 않을까 걱정하지 않아도 되는 시절이었다. 더구나 아버지는 군복 차림이셨으니, 누가 봐도 목적지가 확실한 사람이었다. 그래서 아버지가 1~2킬로미터를 가기도 전에 다른 군인이나 기지에서 일하는 민간인들이 아버지를 태워주었다.

군대에서 대단한 사람이 아니었을지 몰라도 우리는 아버지를 자랑스럽게 생각했다. 아버지는 1993년에 돌아가셨는데, 우리에게 돈이나 물질과는 비교도 안 될 유산을 남겨주셨다. 아버지가 바로 우리 아버지라는 사실이다. 아버지께서 우리 형제에게 모범이 되도록 몸소 그 삶을 실천하셨기에 가능한 일이다.

주변의 많은 아이들이 아버지가 없거나, 우리 아버지와는 다른 아버지를 갖고 있었다. 늘 부재중이거나 집에 있어도 아이들에게 무관심한 아버지였다. 그런 집에서는 어머니가 아버지 몫까지 아이들을 보살피고 교육해야 했다.

하지만 우리 집은 달랐다. 아버지의 삶 자체가 가족이라고 할 만큼 아버지는 가족을 소중하게 생각하셨고 우리도 그것을 잘 알고 있었다. 우리는 아버지와 강한 유대감을 느꼈다. 멀리 떨어져 계실 때도 아버지는 늘 우리와 함께했다. 베트남 전쟁에 참전 중이실 때도 아버지는 자식들이 결코 잊지 못할 대단한 일을 하셨다. 한 달에 한 번 정도 아버지는 녹음된 테이프를 보내셨다. 그 안에는 우리들 각각에게 하는 아버지의 말씀이 녹음되어 있었다.

"래리, 학교생활은 어떠냐?"

첫 질문은 거의 이런 식이었다. 아버지가 우리의 교육을 얼마나 중요하게 생각하시는지 느낄 수 있었다. 오히려 학교생활을 묻지 않으시는 게 더 이상했을 정도이다. 그렇다고 아버지가 수업과 시험 점수만 따지셨던 분은 아니다. 내가 전에 말했던 것을 다시 묻기도 하셨고, 내가 하고 있는 다른 일들에 대해서도 언급하셨다.

특히 아버지께서 프레드 형과 내게 '가장'이 되어야 한다고 격려하셨던 말씀이 기억에 남는다. 그때가 형이 열일곱 살, 내가 그보다 한 살 어린 열여섯 살이었다. 아버지는 우리가 어린 남동생과 여동생을 돕는 데 최선을 다하기를 바라셨다. 이미 우리는 그렇게 하고 있었지만, 아버지 말을 들으며 더 열심히 해야겠다는 의지를 다지곤 했다.

아버지의 녹음 메시지가 도착하면 온 식구가 한자리에 모여 귀를 기울였다. 나는 멀리 계신 아버지가 무척 그리웠고, 다른 형제자매들도 마찬가지였다. 그럴 때 목소리를 들으면 아버지가 훨씬 가깝게 계신 것처럼 느껴졌다.

베트남에 계신 아버지가 그리웠지만 그렇다고 외롭지는 않았다. 어머니가 항상 우리 곁에 계셨기 때문이다. 우리가 자라는 동안 어머니는 집 밖에서 일을 하신 적이 없다. 아버지는 늘 이렇게 말씀하셨다.

"엄만 너희들과 함께 있어야 한단다. 너희를 돌봐야 하니까. 그래서 아빠가 이렇게 열심히 일하는 거고."

지금 생각하면 부모님의 그런 안배가 얼마나 중요하고 현명했던 가를 새삼 절감하게 된다. 만약 어머니가 일을 하셨다면 아버지가 한결 편하셨을지도 모른다. 일을 덜 하셔도 됐을 테니 말이다. 하지만 우리 집에서는 돈이 결코 중요한 문제가 아니었다. 항상 가정이 먼저였다. 그런 차원에서 아버지는 남편이 경제적인 문제를 해결해야 한다고 믿으셨다.

그렇다고 아버지가 여성의 바깥일을 반대하셨던 것은 아니다. 하지만 어머니만은 집에 있기를 바라셨다. 아이들이 어머니를 필요로 할 때 언제든 함께 있어주고 도움을 줄 수 있어야 한다고 생각하셨기 때문이다.


막내 루스가 보육 시설에 맡겨도 될 만큼 자랐을 때에야 어머니는 일자리를 잡을 결심을 하셨다. 당시 어머니의 친구 중 한 분이 페이트빌에 새로 생긴 할인매장에서 일하셨다. 그래서 그곳에서 사람을 구하자 어머니에게 알려주셨다. 부모님은 이 일로 의논을 하셨다. 아버지가 이야기를 듣더니 이렇게 말씀하셨다.

"당신이 좋다면 가구려. 난 괜찮아요."

어머니가 직접 일을 나가도 좋겠다고 판단한 것은 1967년이었다. 며칠 뒤 어머니는 그 할인매장 일자리를 얻었다. 놀랍게도 어머니는 집을 떠나 새로운 생활을 하는 것을 좋아하고 잘 적응하셨다. 어머니는 그곳에서 10년 동안 일하셨다. 하지만 자신에게 딱 맞는 천직을 찾은 것은 그 뒤였다. 바로 교사 보조원이었다. 어머니는 내색하지 않으셨지만 어린아이들과 함께 지내는 걸 그리워하셨던 것 같다.

어머니는 교사로 공식 훈련이나 교육을 받지는 않으셨다. 많은 사람들이 교육받지 못했다는 이유로 금세 포기하곤 하지만 어머니는 그렇지 않았다. 언젠가 어머니는 이렇게 말씀하셨다.

"난 CRD 학위를 땄단다. 아이양육 박사학위Child Rearing Doctorate지. 아홉 아이를 훌륭하게 키우고 나니 스스로 양육에 일가견이 있다는 생각이 들더구나."

어머니는 1977년 교사 보조원 업무를 시작하셔서 1984년 건강상의 문제로 그만두실 때까지 그 일을 계속하셨다. 1984년 당시 어머니의 나이는 쉰넷으로 심장에 문제가 생겨 일을 하시기 버거운 상태셨다. 물론 어머니는 일을 하는 데 문제가 없다고 하셨지만 내가 반대했다.

"루스는 보육원에 가기에는 너무 어려요."

내 주장이었다. 지금에서야 말이지만 예전 방식을 고수하고 싶은 자기방어적인 측면에서 나온 얘기가 아닌가 싶다. 여태껏 집안일만 하신 어머니가 새삼 일을 하신다는 게 나는 이상하게 불편했다. 어머니가 집에 안 계신 생활은 상상도 안 됐다. 더구나 싫어하는 루스를 억지로 낯선 사람 손에 맡긴다고 생각했다.

"루스가 슬퍼할 거예요. 보육원에는 가족이 아무도 없잖아요. 게다가 가끔도 아니고 날이면 날마다 가야 하고요."

숫제 나는 훈계조였다. 하지만 어머니는 어머니 생각을 고수하셨다. 결국 어머니는 일을 하러 나가셨고 어린 루스는 보육원에 맡겨졌다. 월요일 아침 어머니와 함께 루스를 보육원에 데려다주던 날, 내 마음엔 어린 동생에 대한 걱정이 가득이었다. 열일곱 살이나 먹은 나는 눈물을 보였다. 형제들 중에 몇 명이 울긴 했지만 내가 제일 많이 울었다.

보육원에 도착했을 때 막내 동생은 우리를 보고 미소를 짓더니 서둘러 안으로 들어갔다. 그러고는 아이들이 놀고 있는 곳으로 걸어갔다. 루스는 울지도 않았고 아쉬움에 돌아보지도 않았다.

어머니와 나는 문밖에 서서 그 모습을 지켜보고 있었다. 나는 루스가 우리가 가버렸다는 사실을 깨닫고 울음을 터트릴 거라 생각했다. 하지만 놀랍게도 어린 막내는 아이들과 어울려 놀기 시작했다. 울지도 않았고 소리를 지르지도 않았다. 얼마 지나지 않아 루스는 매일 가던 곳인 양 태연스레 놀고 있었다.

"괜찮은 것 같네요. 그렇죠?"

내가 어머니에게 말했다. 그러자 어머니가 빙그레 웃으셨다. 어머니는 처음부터 결과를 알고 계셨던 것 같다. 불안해하면서 확신이 필요했던 사람은 오히려 나였다. 며칠 동안 나는 루스에게 매일 물었다.

"보육원은 어땠니?"

"좋아."

루스는 대수롭지 않게 대답했다. 때로는 보육원에서 다른 아이들과 얼마나 재밌게 놀았는지를 장황하게 설명해주곤 했다.

그랬다. 역시 어머니의 결정이 옳고 현명하다는 걸 다시 느끼게 되는 순간이었다.

　어린 시절 인상 깊었던 아버지에 대한 세 가지 추억을 이야기하고 싶다. 아버지가 어떤 분인지 잘 설명해주는 예이자, 모든 아이들이 원하는 아버지상을 보여주는 그런 예라고 생각한다.

　첫 번째 이야기는 아버지가 1959년 독일로 배치되셨을 때의 일이다. 독일에 있는 동안 형과 나는 둘 다 보이스카우트 회원이었다. 한 번은 아버지가 주말에 등산을 데리고 가겠다고 약속을 하셨다.

　"금요일 저녁에 출발해서 밤새 달릴 거다."

　너무나 신나는 소식이었다. 우리는 잔뜩 기대에 차 친구들에게 자랑을 했다. 다음 날 우리는 아버지에게 가서 말했다.

　"잭이 함께 가고 싶대요. 같이 가도 되죠?"

　아버지는 흔쾌히 "그럼, 괜찮고말고" 하고 대답하셨다. 그 후로도 프레드 형의 친구 한 명이 더 함께 갔으면 했고 아버지는 허락하셨다. 그런 식으로 해서 우리가 도보여행을 떠날 즈음에는 인원이 총 열다섯 명 정도로 불었던 것 같다. 아버지는 돌볼 아이들이 많다는 생각에 다른 아버지들에게 도움을 청하셨다. 딱 한 분이 도와주겠다고 했다.

　하지만 출발일인 금요일이 되었을 때, 그 한 분마저 도보여행에는 참여하지 않으셨다. 다만 장비를 차에 실어 산까지만 데려다주고 돌아가셨다. 결국 아버지 혼자서 열다섯 명의 소년들을 책임지셔야 했다. 물론 아버지는 훌륭하게 임무를 완수하셨다. 그때 아버지가 얼마나 자랑스러웠는지 모른다. 친구들도 몇 번인가 부러운 듯 "나도 저런 아빠가 있었으면 좋겠다"고 말했다.


　두 번째 이야기도 독일에 있었을 때 일이다. 독일에서 우리가 살았던 공동 주택 단지 내에 프랜시스라는 여인이 살고 있었다. 이웃에 살면서 아버지가 매일 저녁 집에 온 뒤, 아이들을 데리고 밖으로 나와 함께 놀아주는 모습을 본 모양이었다. 우리는 구슬치기도 하고 가끔은 농구도 했다. 어쨌든 아버지는 잠시라도 항상 우리와 시간을 보내셨다.

　"어제 댁의 남편을 본보기로 좀 써먹었답니다."

　프랜시스 아주머니가 어머니를 찾아와서 말했다.

　"남편과 남편 친구 셋이 우리 집에 죽치고 앉아 맥주만 마셔대고 있지 뭐예요. 그래, 제가 그랬죠. '훌륭한 아버지는 애들한테 어떻게 하는지 알고 싶지 않아요? 밖에 나가서 해리스 씨를 좀 봐요.' 전 창밖을 좀 보라고 했어요. 댁의 남편이 프레드랑 래리를 데리고 농구 경기를 하고 있더군요."

　나중에 어머니가 우리에게 말씀하셨다.

　"그건 인사치레가 아니라 진짜 칭찬이었단다. 그리고 엄마가 중요한 사실을 깨닫는 계기이기도 했어. 남들이 우리를 늘 지켜보고 있으며, 우리가 어떻게 사는지 파악하고 있다는 사실이었지. 보렴, 우리가 제대로 살면 사람들이 우리를 본받으려 하는 법이란다."

Chapter 02
정직과 실천

세 번째는 아버지의 자존심에 관한 이야기다. 아버지는 자존심이 강한 분이어서 스스로 해결할 수 있는 일을 남에게 맡기는 일 따위는 절대로 하지 않으셨다.

역시 독일에서 살 때의 일이다. 어느 해 크리스마스 때 아버지 부대에서 우리 일곱 형제자매에게 크리스마스 선물을 주려고 한 적이 있었다. 자존심이 강한 아버지는 내 가족은 내가 건사할 수 있다면서 이를 거절하셨다. 그리고 그런 아버지의 태도가 어머니의 심기를 건드렸다. 어머니는 "부대원들은 그저 친절을 베풀려고 한 것뿐이에요" 하며 불편한 심기를 드러내셨다.

"나도 알고 있어요. 그런 제안에 감사하고 있고. 그 사람들한테도 고맙다는 말을 전했어요. 하지만 이 아이들은 우리 자식들 아니오? 그러니 내가 돌볼 거예요."

그것은 아버지의 좌우명과도 같았다. 아버지는 종종 우리에게 이렇게 말씀하셨다.

"뭘 하든, 스스로 대가를 지불해야 한다."

"하지만 장난감을 공짜로 얻을 수도 있었잖아요."

내가 항변했다.

"아빠가 다른 사람의 그런 도움을 한 번 받아들이면 말이다. 머지 않아 더 많은 걸 해주길 바라게 될 거다. 나는 너희들의 아빠고, 아빠가 할 일은 너희를 부양하는 일이다. 아빤 아빠의 일을 하려고 했던 거란다."

아버지는 우리를 껴안고 크리스마스 선물에 관한 마지막 말씀을 하셨다.

"아빠가 너희를 책임지고 뒷바라지할 거다."

아버지가 워낙 단호히 말씀하셔서 어머니도 더 이상 뭐라 하지 않으셨다. 우리 형제들도 마찬가지였다. 그것이 아버지의 방식이었고, 이 일은 그렇게 일단락되었다.

아버지의 거절은 어느 정도는 남자들 특유의 자존심에서 나온 것이긴 했다. 그리고 그 거절로 인해 우리가 상당히 실망했던 것도 사실이다. 하지만 이제 와서 돌아보면 당시 아버지의 태도는 스스로 늘 강조했던 바를 실천한 것이라는 생각이 든다. 자립하여 스스로의 생계를 책임져야 한다는 가르침. 아버지는 늘 우리한테 이 점을 강조하셨다.

어렸던 나는 그해 크리스마스에 내가 받지 못하게 된 장난감에 대해서만 생각했다. 그러나 지금, 성인이 된 나는 아버지의 말과 실천에서 삶의 지혜를 본다. 아버지와 어머니의 모든 행동은 행동이 말만큼이나 중요하다는 신념에 따른 것이었다. 그해 크리스마스에 아버지에게는 자활과 독립의 중요성을 가르치는 일이 장난감을 안겨주는 일보다 중요했던 것이다.

장난감을 받았다면 몇 달 정도 유용하게 가지고 놀았으리라. 하지만 아버지의 가르침은 평생 남아 우리에게 두고두고 도움이 되었다.

# Chapter
## 03

칭찬과
격려

# 어려운 때일수록
# 서로 격려하는
# 가족이 되어라

"모두 다 같이 갈 거다.
우리는 가족이니까.
우리는 한마음으로 함께 행동한다."

어린 시절 아버지는 피곤한 기색을 보이지 않으셨다. 아버지는 멈추지 않고 나아갈 투지와 육체적 에너지를 가진 분이셨다. 내 기억에 아버지는 동트기 전에 일어나 출근하셨다. 집에 와서도 빈둥거리거나 피곤하다고 불평하는 법이 없으셨다.

때로 아버지는 모의전투를 위한 기동 훈련을 가셔야 할 때도 있었다. 그럴 때면 보통 2주 동안 집을 비우셨는데, 아버지가 없는 집은 허전하고 쓸쓸했다.

아이가 아홉이나 되는 대가족에서 겨우 한 사람 빠졌다고 허전하다니, 이상하게 들릴지도 모르겠다. 하지만 아버지와 어머니는 집안의 중심이셨기 때문에 자리를 비우면 티가 났다. 두 분이 모두 제자리에 계셔야 매사가 순조로운 것 같았다.

아버지가 집에 계실 때면 무척 든든하다는 느낌을 받곤 했다. 우리 형제자매들은 모두 아버지가 해결하지 못할 일이 없으시고, 아버지가 대적하지 못할 상대가 없다고 생각했다. 물론, 가끔은 시련이 있기도 했다.

1959년 아버지가 독일로의 전출 명령을 받았을 때, 우리 가족은 아버지가 직업 특성상 언제든 다른 지역으로 배치될 수 있다는 걸 충분히 알고 있었다. 당시 열 살과 아홉 살이었던 프레드 형과 나는 해외로 가는 것도 괜찮겠다고 생각했다. 데보라와 쌍둥이는 무슨 의견을 갖기에는 너무 어렸다. 그러므로 우리 중에 누구도 반대하거나 불평하지 않았고 불안해하거나 걱정하지 않았다. 어머니와 아버지는 새로운 생활을 행복한 마음으로 맞이하는 것이 무엇보다 중요하다고 생각하셨다. 그래서 지구의 반 바퀴를 가로지르는 이사를 신나는 모험이자 세상을 좀 더 잘 알 수 있는 좋은 기회라고 생각할 수 있도록 우리를 도우셨다.

더구나 다행인 것은 우리 모두가 함께 갈 수 있다는 사실이었다. 당연한 말처럼 들리겠지만 군대란 곳은 항상 그렇지는 않다. 많은 경우 남편이 해외에서 2~3년을 보내는 동안 아내와 아이들은 국내에 머물렀다.

아버지는 처음 독일 이야기를 꺼내고는 우리가 뭐라 묻기도 전에 먼저 선언하듯 말씀하셨다.

"모두 다 같이 갈 거다. 우리는 가족이니까. 우리는 한마음으로 함께 행동한다."

비록 어렸지만 아버지의 이런 가치관은 우리에게 강한 인상을 남겼고, 놀라울 정도로 영향을 끼쳤다. 그랬다. 아버지 말씀대로 무엇보다 가족이 중요했다.

가족이 우선이라는 생각이 언제부터 시작되었을까? 독일로 이사를 갈 무렵 우리 집은 이미 일곱 아이가 있는 가정이었다. 내가 아는 어떤 가족보다 큰 규모였다.

형제가 많았지만 우리 중 누구도 방치되거나 사랑받지 못한다는 느낌을 받지 않았다. 우리 부모님이 어떻게 그렇게 하실 수 있었는지 지금도 놀라울 뿐이다. 일곱 아이(나중에는 아홉이 되었다)를 키운다는 건 실로 많은 시간과 에너지, 사랑이 필요한 일이다. 부모님은 그 일을 훌륭히 해내셨다. 나는 두 분이 아홉 아이 모두에게 특별한 존재라는 사실을 일깨워주는 소리를 들으며 자랐다. 또한 성인이 된 지금도 마찬가지로 그런 말을 듣는다.

"너는 프레드 해리스와 루스 해리스의 자식이다. 그러니 너는 중요하고 특별한 아이다."

해외에서 우리는 시련을 만났다. 프레드 형과 나는 건장한 체격에 비해 키는 작았다. 그러다 보니 독일에 도착하자마자 불량한 아이들이 달려들었다. 덩치 큰 몇몇 아이들이 우리의 남부 억양을 비웃었다. 우리가 입은 옷을 가지고도 괴롭히고 놀렸다. 녀석들에겐 어떤 것이든 조롱거리인 듯싶었다. 엄청난 욕도 퍼부었는데 전에는 들어본 적도 없는 것들이었다. 입이 거친 녀석들 중에 하나를 쳐버리고 싶은 마음이 굴뚝같았다. 나는 결국 불만을 표출했다. 그러자 어머니는 그 아이들은 집에서 들은 말을 밖으로 옮기고 있을 뿐이라고 말씀하셨다.

"엄마, 애들이 우리한테 마구 욕을 해대요."

"걔네가 자기 부모님한테 말대꾸하는 건 또 어떻고요."

형도 거들었다.

"자기 부모님한테 막 건방진 말을 하고……."

내가 다시 끼어들었다.

"어떤 아줌마가 자기 아들보고 집으로 들어가 있으라고 하니까, 그 애가 엄마한테 버릇없이 말대꾸하는 것도 봤어요. 꼼짝도 않고 서서 들어가고 싶을 때 들어갈 거니까 신경 쓰지 말라고 하는 거예요. 그러고는 고집대로 계속 밖에 있었어요."

형이 맞장구를 쳤다.

"나도 봤어. 그때 그 아줌마가 뭐라고 했는지 알아? '아빠가 오시면 이를 거니까 그리 알아.' 그러고는 곧장 집으로 들어가 버렸어."

그 말을 듣고 내가 말했다.

"하지만 걔네 아빠한테 말해도 별 수 없을 거야. 그 애가 자기 아빠한테도 똑같이 말대꾸하는 소릴 들었거든."

우리 얘기를 가만히 듣고 있던 어머니가 양팔로 우리를 한 명씩 껴안았다.

"이걸 잊지 말렴. 부모 말고는 누구도 건방진 아이를 사랑하지 않는단다."

그 뒤로도 어머니에게서 그런 말씀을 여러 차례 들었다. 아홉 살

나이에도 난 그 의미를 정확히 이해했다. 어머니가 여러 차례 강조하신 것으로 보아 그 문제를 무척이나 확실하게 해두고 싶으셨던 모양이다.

"누구도 건방진 아이를 좋아하지 않는단다. 가끔은 친부모마저도 싫어할 수 있어. 누구든 예쁜 짓을 하면 예쁜 법이고, 미운 짓을 하면 미운 법이니까. 건방진 아이를 둔 부모는 아이를 대하는 게 엄청 곤혹스러울 거다."

말끝에 내가 물었다.

"엄만 항상 저희를 좋아하시죠, 네?"

"물론이지."

어머니가 우리를 꼭 껴안아주셨다.

"너희 둘 다 착한 아이들이야. 엄만 항상 너희를 사랑해. 하지만 너희가 행동을 예쁘게 하고 서로 도울 때, 제일 사랑스럽단다."

그리고 어머니는 덧붙이셨다.

"우리 집 아이들은 싸우면 안 된다. 형제들끼리는 물론 다른 모든 사람들한테도 다정하게 대해야 해."

부모님은 우리에게 그런 원칙을 되풀이해서 주입시키셨다. 그런 교육에 길들여진 우리는 옆집에 난폭하고 심술궂은 아이들이 사는 환경에 어떻게 대처해야 할지 알 수가 없었다.

저녁 식사를 할 때 복도 저편에서 고함 소리를 들은 적도 많았다. 처음 몇 번은 충격이었다. 우리 집에서는 누구도 그렇게 소리를 지르지 않았으니까. 도대체 누가 그런 아이들과 놀겠는가? 함께 놀기를 거절당한 아이들이 우리에게 욕을 하고, 싸움을 걸고, 우리를 쫓아다니고, 때리면서 빈번한 문제가 일어났다.

우리는 맞서 싸워서는 안 되었다. 누군가 자신에게 욕을 하는데 가만히 있는다는 것이 얼마나 힘든 일이겠는가? 누군가 자신을 때리는데 맞서 싸우지 못하는 심정은 또 어떻겠는가? 어쨌든 도망가는 것은 상황을 악화시킬 뿐인 것 같았다.

우리가 도망치자 아이들은 도리어 얕잡아 보고 기회가 있을 때마다 집적대고 괴롭혔다. "그러지 마!" 하고 소리를 지르는 것도 역시 도움이 되지 않았다. 불량한 아이들은 우리가 반격할 생각이 없다는 사실을 재빨리 간파하고 오히려 더욱 못살게 굴었다.

어느 날 오후, 형과 내가 둘 다 울면서 집에 왔다. 심하게 다치지는 않았지만 아이들의 주먹에 맞고 발에 채이고 넘어지고, 무엇보다 모욕감을 느꼈다. 금세 상황을 파악한 어머니는 우리를 앞에 앉히고 말씀하셨다.

"얘들아, 아무래도 지금은 로마에 있으니 로마법을 따라야겠구나. 절대로 먼저 싸움을 걸지는 마라. 알았니?"

우리가 둘 다 고개를 끄덕이자 어머니가 또 말씀하셨다.

"단, 누군가 먼저 싸움을 걸어오면 방어는 해도 좋다."

그건 어머니가 해주실 수 있는 최선의 말이었고 우리가 고대했던 말이기도 했다. 우리는 다시 밖으로 나갔고 누군가 나를 건드리는 녀석이 없나 살폈다.

오래 기다릴 필요도 없었다. 형과 내가 강펀치를 날리자 놀란 것은 싸움을 걸었던 녀석들이었다. 도망가거나 회피하지 않고 정면으로 맞서서 나를 지킨다는 건 기분 좋은 일이었다. 마치 새로운 기술을 배우는 것과 같았다. 나는 거기서 한 발 더 나가 그런 기회를 억지로 만들어내는 단계까지 갔다. 영악하게 아이들을 자극했다. "뭐 그렇게 잘하지도 못하는 주제에" 하는 식으로 아이들을 자극하고, 몇 마디만 더 하면 이내 치고받는 싸움이 시작되었다. 아마 새로운 뭔가를 한다는 모험심이 곁들여지면 모든 것이 실제보다 흥미진진하게 느껴지는 모양이다.


한번은 놀이터에서 하나뿐인 그네를 타고 싶었다. 캔자스에서 온 몸집이 나만한 남자아이가 그네를 타고 있었는데 상당히 오랫동안 내려오질 않았다. 내가 교대로 타면 어떻겠냐고 물었다.

"나 다 타고 나면."

그 아이가 말했다. 아이들이 대개 그렇듯이 그네 타기를 그만두고 싶지 않은 모양새였다.

"야, 이제 나 좀 타게 해줘."

한 시간쯤 흐른 뒤에 내가 소리쳤다.

"나 다 탈 때까지 기다려."

아이는 그렇게 말하고는 계속 그네를 탔다.

서너 번쯤 그런 과정이 반복되자 나는 슬슬 화가 났다.

"야, 비켜! 나 좀 타게!"

아이는 못 들은 척 무시했다. 나는 내 나름대로 녀석이 탈 만큼 탔다는 결론을 내렸다. 그래서 뒤에서 녀석을 밀어버렸다. 더 높이 올라가라고 밀어주는 게 아니라는 사실은 누가 봐도 자명했다. 아플 정도로 거칠게 떠밀었으니까.

"야, 내 동생 가만 놔둬!"

고개를 돌려보니 키가 크고 체격도 좋은 아이가 서 있었다. 몸집으로 봐서 나보다 두어 살은 위인 것 같았다.

"난 아무 짓도 안 했어."

짐짓 태연한 척 말했지만 사실 잔뜩 겁먹은 상태였다.

"네가 내 동생 때렸잖아."

큰 아이가 따지고 들었다.

"다 봤어. 내가 맛 좀 보여주지."

그 아이가 턱 중앙을 세게 쳤다.

"다시는 내 동생한테 손대지 마. 손댔단 봐."

아이가 두 번 더 나를 때리면서 겁을 줬다.

그때 프레드 형은 몇 미터 떨어진 곳에서 놀고 있었다. 형은 나를 때린 아이만큼 몸집이 컸지만 아무 말도, 어떤 행동도 하지 않았다. 그저 보고만 있었다. 내가 그 아이 동생한테 하는 행동을 이미 봤기 때문이다.

주먹이 그리 세지는 않았지만 일단 나보다 몸집이 크다는 사실이 나를 잔뜩 주눅 들게 했다. 때문에 나는 반격을 시도하지 않고 집으로 도망쳤다. 형이 나를 따라왔다. 울면서 집에 들어갔으니 어머니가 이유를 물으실 것은 당연했다. 나는 내 입장에서 어머니에게 상황을 설명했다.

얘기를 들은 어머니가 우리 둘에게 말씀하셨다.

"알았다, 얘들아. 정리를 해보자꾸나. 프레드, 넌 형이다. 너도 알다시피 우리 집에서는 형이라면 어린 동생을 지켜줘야 해. 엄마 말무슨 뜻인지 알겠니?"

형이 고개를 끄덕였다.

"동생이 곤란한 상황이면 가서 구해줘야지. 너는 형이고 몸집도더 크잖니. 동생은 너한테 의지할 줄 알아야……."

"하지만 엄마, 래리가 먼저 싸움을 걸었어요!"

"래리가 먼저 시작했는지 안 했는지는 상관없다. 래리가 곤경에처해 있으면 너는 래리를 도와야 해."

나는 속으로 야단맞지 않고 상황을 잘 모면할 수 있겠구나 생각했다. 하지만 어머니는 그대로 넘어갈 분이 아니셨다. 어머니는 나를돕지 않았다는 이유로 형을 혼내고, 이어서 먼저 싸움을 걸었다는이유로 나를 혼내셨다.

형은 그날 이후로 어머니의 가르침을 결코 잊지 않았다. 그때부터내가 곤경에 처할 때면 언제나 형이 와주었다. 내가 먼저 싸움을 걸었을 때도 마찬가지였다. 형은 어떤 경우에도 나를 저버리지 않았다.

동생을 보호하고 도와야 한다는 가르침은 비단 형에게만 해당되는 것은 아니었다. 나는 내 바로 밑의 동생인 데보라를 보호할 의무가 있었고, 머지않아 그래야 할 상황이 닥쳤다.

데보라가 일곱 살 때의 일이다. 어느 날 오후 데보라 혼자서 공을 갖고 놀고 있었다. 그런데 데보라보다 조금 큰 남자아이가 공을 뺏어가더니 데보라를 세게 때렸다. 이 광경을 보고 있던 나는 데보라가 소리를 지르기도 전에 뛰어들어 그 아이를 혼내주었다. 아이는 공을 떨어뜨리고 울면서 집으로 뛰어갔다. 그 뒤로 두 번 다시는 데보라를 괴롭히지 않았다.

비록 아홉 살이었지만 나는 어머니의 가르침을 이해했고 평생토록 소중하게 지켰다. 우리 집 사람들은 항상 뭉쳐서 서로를 도와야 한다는 가르침을.

역시 독일에 있을 때의 일이다.

가끔은 부모님들이 밖으로 나와 아이들의 싸움이나 드잡이에 가담하기도 했다. 한쪽 아이의 아버지가 나서서 상대 아이를 때리는 장면도 몇 번 봤다. 먼저 싸움을 건 아이 어머니가 자기를 보호하려고 싸움에 응한 다른 집 아이한테 외려 소리를 지르는 경우도 많았다. 어떤 어머니들은 심한 욕설을 내뱉기도 했다. 우리 집에서는 결코 용납되지 않는 심한 말들이었다.

한번은 폴란드 아주머니의 아들과 시비가 붙었다. 우리가 옥신각신하는 소리를 들은 아주머니가 아파트 창문으로 머리를 내밀고 나한테 독설을 퍼부었다. 당시 상황이 상세히 기억나지는 않는다. 다만 상대 아이가 싸움을 걸어왔던 것만은 확실하다. 이번에는 분명코 내가 싸움을 건 것이 아니었다. 내가 뭘 어떻게 하지도 않고 프레드 형이 끼어들기도 전이었는데 그 아주머니가 아파트에서 뛰어나오면서 소리쳤다.

"우리 아이한테 손대지 마! 손 하나라도 댔다가는 네놈을 가만두지 않을 테니까. 붙잡아서 엉덩이를 흠씬 두들겨 패줄 테니까 그리 알아."

그러더니 온갖 잔소리를 늘어놓기 시작했다. 단지 내에 있는 불량한 아이들을 죄다 거론하고, 우리 형제가 일으킨 문제들을 늘어놓았다. 그러고는 모두들 자기 아들에게 나쁜 영향을 주고 있다면서 싸잡아 매도하고 불만을 토로했다.

아주머니의 태도에 나는 잔뜩 겁을 먹었다. 아주머니가 정말로 나를 때렸을지는 모를 일이다. 하지만 그 앞에 남아 결과를 확인하고 싶은 마음은 없었다. 형이나 나나 그런 경험이 처음이었기에 당황한 우리는 집으로 뛰어갔다.

어린아이들이 으레 그렇듯이 우리는 어머니에게 뛰어가 방금 일어난 일을 이야기했다. 어머니가 창밖을 내다보셨다. 욕설을 퍼붓던 아주머니가 아들의 손을 잡고 아파트 안으로 끌고 가고 있었다.

"끝난 것 같구나. 그러니 이번 사건은 묻어두는 게 좋겠다. 하지만 이런 일이 다시 생기면 나를 불러라. 누구 잘못인지 문제가 뭔지는 상관없다. 만약 다른 아이 부모가 나와서 폴라드 아주머니처럼 욕을 하고 호되게 꾸짖거나 때리려고 하면 집으로 들어와서 나한테 말하렴. 절대로 어른 앞에서 무례하게 굴지 마라. 싸우지도 마라. 그냥 나에게 와라. 알겠니?"

"네, 엄마."

그 말을 들으니 정말 안심이 되었다.

아니나 다를까 며칠 뒤 비슷한 사건이 일어났다. 어떤 아이가 나한테 욕을 했다. 내가 때릴 태세로 주먹을 불끈 쥐자 아이는 집으로 달리기 시작했다. 나는 아이가 사는 아파트 건물까지 쫓아갔다. 아이가 현관문을 열었을 때 나는 아이 바로 뒤에 있었다. 문을 여는 순간 내가 아이를 잡고 세게 한방 먹였다.

"아빠! 아빠! 도와주세요!"

소리를 지르면서 나한테 좀 전보다 더 심한 욕설을 퍼부었다. 내가 아이를 다시 때렸다. 아이 아버지가 현관으로 뛰어나오다 나를 봤다. 그 사람은 문을 확 열어젖히더니 아이를 아파트 안으로 집어넣었다. 그러고는 나를 번쩍 들었다. 당시에는 무지 큰 사람으로 느껴졌지만 실제로 얼마나 컸는지는 잘 모르겠다. 그 사람은 나를 데리고 복도를 지나가서 건물 뒷문을 열고 나갔다. 그리고 나를 밖으로 거칠게 밀었다.

"내 동생을 가만둬요!"

형이 소리를 질렀다. 형은 그 사람이 나를 문밖으로 내치는 모습만 봤다. 그 사람은 형을 무시하고 아파트 안으로 들어가버렸다.

형이 나한테 와서 어깨에 팔을 올리며 물었다.

"무슨 일이야?"

내가 사연을 말했을 때 형이 제일 먼저 한 말은 "엄마한테 말하자"였다. 우리는 함께 집으로 갔다.

당시 어머니는 여덟 번째 아기를 가진 9개월 된 임산부셨다. 그렇잖아도 어머니는 몸이 좋지 않으셨지만 몸이 안 좋다는 핑계로 어머니가 자식을 보호하려는 마음을 막을 수는 없었다. 우리 이야기를 들은 어머니는 금세 왼손에 야구방망이를 들고 아파트 밖으로 나가셨다.

"어느 아파트냐?"

어머니가 물은 건 그것뿐이었다.

나는 어머니를 그 집까지 데려갔다. 어머니가 야구방망이로 그 집 문을 두드리셨다. 나는 옆에 서 있었다. 요란한 소리에 놀란 남자가 문을 열자 눈앞에서 야구방망이가 흔들리고 있었다.

"당신이 우리 아들을 잡아서 밖으로 던져버렸다죠. 어른이 돼가지고 부끄러운 줄 아세요!"

"난 그 집 아이한테 손대지 않았어요."

"아니, 우리 아이한테 손을 댔어요. 운이 나빴다면 아이가 심하게 다쳤을지도 모르죠. 당신은 다 큰 성인 남자고 우리 아이는 아직 어린애예요. 더구나 그 집 아이가 먼저 싸움을 걸었다고요."

어머니가 계속 말씀하시는 사이 남자는 그저 보고만 있었다.

"난 아무 짓도 안 했다니까."

남자가 같은 말을 반복했다. 하지만 썩 자신 있는 목소리는 아니었다. 어머니는 남자를 잠시 노려보셨다. 남자가 거짓말을 하고 있다는 걸 알았지만 어머니는 이렇게만 말씀하셨다.

"다시는 우리 아이들한테 손대지 않겠다고 약속하세요."

남자가 고개를 끄덕였다.

"그럼 됐어요. 얘들아, 집에 가자꾸나."

어머니는 우리를 데리고 아파트로 돌아오셨다. 그리고 우리를 앞에 앉히셨다. 어머니가 얼굴을 잔뜩 찌푸리신 걸 보니 그 일이 어머니한테 얼마나 무리가 되었는가를 알 수 있었다. 죄송한 마음이 들었다.

"엄마는 이번 일에서 너희가 중요한 것을 배웠으면 한다."

어머니는 몸이 불편한 와중에도 차분하게 말씀하셨다.

"너희도 알다시피 그 사람은 나쁜 짓을 했다. 엄마는 그 사람 눈빛을 보고 그걸 알았단다. 하지만 그 사람은 자기 잘못을 시인할 만큼 용감한 사람이 아니더구나. 그게 또 하나의 교훈이란다. 얘들아, 엄마는 너희가 잘못했을 때 당당히 시인할 줄 아는 사람이 되기를 바란다. 엄마한테 거짓말을 하지 마라. 거짓말은 상황을 악화시킬 뿐이란다."

그 뒤 나는 어머니하신 말씀을 곰곰이 생각해보았다. 일부 싸움에 대해서 내가 어머니한테 거짓말한 것은 아니었다. 뭔가를 꾸며내지는 않았으니까. 다만 모든 정황을 다 말하지 않은 것은 사실이었다. 내가 먼저 시비 건 싸움들에 대해 생각하면서 내가 잘못했다는 사실을 스스로 인정했다. 그래서 하나님께 약속하고 나 자신에게 약속했다. 다시는 그런 짓을 하지 않기로.

어머니는 그때 임신하고 있던 여덟 번째를 잃었다. 그 비열한 아저씨 때문이라고는 생각하지 않는다. 아이는 양막이 파열되면서 탯

60                                                          Chapter 03
                                                            칭찬과 격려

줄이 먼저 빠져나오는 제대탈출 상태였다. 집에서 양수가 터졌다. 어머니는 아이를 일곱 명이나 낳아본 경험이 있었기 때문에 아직 병원에 갈 때가 아니라고 판단하셨지만 이번에는 달랐다. 양수가 터졌을 때 탯줄이 나왔으니까. 아이가 자궁 안에서 거꾸로 자리를 잡은 상태였다. 양수가 터졌을 때 아이의 발이 탯줄을 밖으로 밀어냈다. 어머니가 분만에 돌입했을 때 아이는 이미 죽은 상태였다.

죽은 아이는 남자아이였고 이름은 조셉이었다. 첫 출산이었다면 어머니는 일찍 병원에 가야겠다고 생각하셨을 것이다. 그랬다면 아이를 살릴 수 있었을지도 모른다.

그날 밤 어머니가 아직 병원에 계시는데, 아버지가 집으로 와서 우리를 불러 모으셨다.

"엄마가 새로 태어날 아기용으로 만들거나 사놓은 것을 다 가져오너라."

아버지는 우리에게 물건들을 상자에 넣어 벽장 안에 보이지 않게 두라고 말씀하셨다.

"물건들을 보면 엄마가 더 슬퍼질 거다. 갓난아기를 안고 행복한 마음으로 집에 돌아왔을 때 요긴한 물건들이잖니. 하지만 상황은 그렇지가 못하니까."

집에 돌아오신 어머니는 슬픔에 빠지셨다. 아버지도 마찬가지셨다. 우리는 너무 어려서 아직 아이를 잃는 것이 얼마나 큰 슬픔인지를 헤아리지 못했다. 우린 그저 부모님이 좀처럼 웃지 않는다는 사실, 그런 상태가 상당히 오래간다는 사실만 인식했을 뿐이다.

우리는 늘 행복하고 즐거움이 가득한 집에 살았다. 그런데 갑자기 집에서 소리가 사라졌다. 누구도 좀처럼 말을 하지 않았다. 아마 어린 우리는 달라진 부모님을 보며 무슨 말을 해야 할지 몰랐던 것 같다. 우리는 작은 소리로도 거의 말을 하지 않았고 그렇게 며칠 동안 쥐 죽은 듯 조용히 지냈다.

오랜 세월이 흐른 뒤에도 아버지는 조셉을 잊지 못하고 아이의 죽음에 대한 이야기를 하셨다. 돌아가시기 전에 한번은 이렇게 말씀하셨다.

"아기를 간절히 기다렸는데, 아기가 나오질 않았단다."

아버지의 눈에는 눈물이 가득했다. 그렇게 오랜 시간이 흘렀는데도 자식을 잃은 슬픔은 여전히 아버지 마음속에 깊은 상처로 남아 있었다.

조셉의 죽음은 어린 시절 우리 집에서 일어난 가장 가슴 아픈 사건이었다. 또한 우리 가족이 서로를 특별히 챙기고 위로해준 시간이기도 했다. 우리 형제들이 당시에 그런 사실을 확실히 알았던 것 같지는 않다. 잘 알지는 못했지만 우리는 공통의 슬픔 안에서 한마음으로 뭉쳐 서로를 보살피고 있었다. 지금까지도 건재한 우리 가족 사이의 결속을 강화시켜준 계기였다.

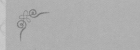

# Chapter
# 04

협동과
책임

형제끼리 돌보며
책임감을
느끼게 하라

"네가 동생들과 나누면
동생들도 다른 아이들과 나누는 법을 배운단다."

데보라는 우리 집의 셋째이자 바로 손아래 동생이다. 데보라가 태어나던 순간을 기억하기에는 당시 난 너무 어렸다. 하지만 데보라 밑으로 쌍둥이가 태어나던 순간은 생생하게 기억한다. 1955년 2월 6일이었다. 대부분의 쌍둥이가 그렇듯이 우리 집 쌍둥이도 조산에다 저체중으로 태어났다. 아기가 2.5킬로그램은 되어야 집에 데려갈 수 있으므로 마이클은 병원에서 열흘을, 미첼은 열흘 하고도 나흘을 더 머물렀다

마이클이 집에 왔을 때 프레드 형이 아기를 안아보려고 팔을 내밀었다.

"아기를 저한테 주세요. 이 아기는 이제 제가 맡을게요. 제가 이 아기를 돌볼 거예요."

그때도 차분하고 조용한 성격이었던 형이 그렇게 말했으니, 형의

그 한마디로 결론은 난 것이나 마찬가지였다. 형은 마이클을 자신이 책임지겠다고 주장했다.

"훌륭하구나, 애야."

아버지는 형의 어깨를 토닥이면서 그런 형을 대견해하셨다. 뒤지고 싶지 않은 욕심에 미첼이 집에 도착하자 나는 미첼에 대한 책임과 권리를 주장했다.

"제가 이 아기를 돌볼 거예요. 약속할게요."

"훌륭한 결심이다."

아버지가 나를 향해 부드러운 미소를 지으셨다.

당시 형은 여섯 살, 나는 다섯 살이었다. 하지만 우리는 스스로 부모 같은 책임감을 느끼고 있었다. 부모님은 우리에게 이미 어린 동생들을 책임지는 것이 중요하다고 가르치셨기 때문이다. 쌍둥이 돌보는 일 때문에 화가 난 적이 있었는지는 잘 기억나지 않는다. 만약 있었다 해도 싫어서가 아니라 더 잘하고 싶은 마음에서였을 것이다.

형과 내가 큰소리친 만큼 아기들을 확실하게 보살폈는지는 잘 모르겠다. 하지만 실제와 상관없이 우리가 큰 기여를 하고 있다는 느낌은 확실하게 받았다. 우리는 쌍둥이의 기저귀를 갈아주고 울면 안고 얼러주기도 했다. 어머니 대신 우유를 데우는 일도 했다.

형과 나는 성심성의껏 쌍둥이를 돕고 보살폈다. 그리고 그런 노력을 부모님이 몰라준다고 느낀 적은 한 번도 없다. 부모님은 늘 말과 행동으로 우리가 하는 일에 감사하다고 표현하셨다. 때로 어머니는 미소를 지으며 가볍게 안아주거나 "그렇게 해줘서 정말 고맙구나"

라고 말씀해주셨다.

아버지도 마찬가지셨다. 아버지께서 "너희가 정말 훌륭하게 돌봐주고 있구나!" 하고 말씀하실 때마다 형과 나의 마음속엔 더 열심히 해야겠다는 의욕이 불끈 솟았다.


우리는 손위 형제들이 어린 동생들이 공부하는 것을 도왔다. 형이 나를 도와주고, 3학년이 되었을 무렵 나는 데보라를 도왔다. 데보라가 글을 읽을 수 있게 되자 쌍둥이를 도왔다. 가끔 너무 어려운 부분이 나오면 쌍둥이 중에 누군가가 프레드 형이나 나에게 도움을 청하기도 했다.

공부를 돕는 과정은 우리 형제들이 아주 일찍부터 깨달은 삶의 원칙을 잘 보여주고 있다. 형제들 각각이 손아래 동생을 책임지는 것이다. 이런 원칙은 프리다가 자기보다 세 살 어린 막내 루스를 보살피는 데까지 끊이지 않고 이어졌다.

부모님이 바쁘시거나 부재중이시면 맏이가 집안의 책임자가 되는 것도 그런 원칙의 연장선이었다. 말하자면 그런 상황에서 모든 형제자매가 맏이인 형의 말을 들어야 했다. 내가 집안에서 가장 연장자일 때도 마찬가지였다.

그것뿐이 아니었다. 부모님은 권한에 따르는 책임도 명확히 하셨다. 손위 형제가 동생을 부당하게 대하면 동생은 부모님에게 불만을 토로했다. 말하자면 손위 형제자매가 잘못했을 때는 그만큼 질책을 받게 되어 있었다.

형은 아버지처럼 성격이 느긋하고 편안한 사람이었다. 때문에 형은 차분한 말로 자신의 뜻을 관철하는 성격이었다. 하지만 나는 다소 독재자적인 기질이 있었다. 그래서 집안의 책임자가 될 때면 강요를 통해 내 뜻을 관철하려 했다. 당연히 이런 방식은 동생들의 원성을 샀다. 아이들은 나에게 "형이 책임을 맡았을 때가 너무 싫어"라고 말하곤 했다.

다른 집 형제들 사이에도 이런 위계질서가 있다는 말은 들어보지 못했지만, 사실 상당히 일리가 있는 시스템이다. 어머니는 가끔 이런 말을 하셨다.

"교통사고로 아빠와 엄마가 죽을 수도 있어. 그럴 때도 너희들이 행동을 바르게 하고, 서로를 보살피면 사람들이 기꺼이 너희를 도와줄 거야."

우리는 가르침을 배우는 데에서 끝나는 것이 아니라 거기에 맞춰서 생활했다. 우리 집의 맏이인 프레드 형이 1994년 비행기 추락사고로 죽을 때까지, 가족 전체에 영향을 줄 만한 문제가 생길 때마다 우리는 제일 먼저 형을 찾아갔다. 사고 이후 동생들은 이제 맏이가 된 나를 찾아온다. 이는 서로에 대한 믿음의 문제이므로 다음 연장자가 누가 되든지 계속해서 이어질 것이다.

특히 형제들 사이에 의견이 다를 때는 이런 시스템이 효과적이다. 가령 루스와 프리다가 다른 의견을 갖고 있다고 해보자. 두 사람은 우리 집에서 가장 어린 동생들이므로 바로 손위인 다이피어드를 찾아간다. 바로 손위 형제가 문제를 해결하면 그것으로 끝이다. 만약 바로 손위 형제가 의견 차이를 좁히지 못하면 문제가 해결될 때까지 그 위의 형제들을 차례로 찾아간다. 사슬의 꼭대기까지 왔어야 했던 적이 있었는지는 기억나지 않는다. 하지만 그것은 우리가 준수하는 원칙이었다.

미첼이 기억하는 일화가 있다. 10대 시절 미첼이 아파서 누워 있었을 때였다. 어머니가 잠깐 볼일이 있어 외출하신 상황에서 아버지도 기지로 가셔야 할 일이 생겼다. 결국 미첼이 부모님 없이 어린 동생들과 남게 되었다. 잠깐이기는 했지만(약 30분쯤 되었을 것이다) 미첼이 집안에서 가장 연장자가 된 셈이었다. 미첼은 아픈 몸이었지만 다른 동생들을 책임져야 할 의무가 있었다.

하루 종일 폭우가 쏟아졌고 우리가 사는 지역에 토네이도 주의보가 내렸던 시기였다. 그전까지 이 지역에 토네이도가 일었던 적은 없었다.

바로 그때 미첼은 무시무시한 바람소리를 들었다. 거대한 기차소리 같았다고 한다. 소리는 점점 커졌다. 아픈 상태였지만 미첼은 침대에서 튀어나가 문 앞으로 달려갔다. 문을 열고 보니 하늘이 새까맸다. 시커먼 하늘을 보니 토네이도 특유의 깔때기 모양 구름이 집을 향해 정면으로 다가오고 있었다.

미첼은 군대 지휘관처럼 소리쳤다.

"다들 바닥에 엎드려!"

미첼이 마룻바닥에 엎드리자 나머지 동생들이 미첼을 따라서 엎드렸다. 토네이도로 집 유리창이 깨져 파편이 흩날렸다. 바람이 집 앞뜰의 나무를 뿌리째 뽑아버렸고 지붕 일부도 벗겼다. 이웃집에서는 차가 바람에 휩쓸려 수백 미터나 날아갔다. 그 외에도 가벼운 손상을 입은 집들이 수도 없이 많았다. 주로 유리창이 깨지는 수준이었다.

다이피어드는 당시 경험을 떠올리며 부모님의 가르침 덕분에 위기를 모면할 수 있었다고 평했다.

"부모님이 평소 책임을 지는 손위 형제 말을 들으라고 가르치셨기 때문에 다들 무사할 수 있었던 거야. 그 가르침이 얼마나 고마운지 몰라. 사실 우리는 지금도 서로를 보살피고 있지. 삶에서 중요한 결정을 내려야 할 때 전화로 의견을 묻곤 하잖아. 결과적으로 모두가 도움을 받았지."

지금도 미첼은 다이피어드에게 전화를 해서 조언을 구하고, 프리다는 나한테 전화를 하곤 한다. 그게 우리 형제자매들의 방식이다. 서로를 보살피라고 배웠기 때문에 자연히 서로에게 의지하고 서로의 지식과 기술을 소중하게 여기게 되었다. 그것이 우리 모두가 어려운 문제를 극복하고 성공하는 데 큰 도움이 되었다.

아이가 있는 집이라면 다 그렇겠지만 우리 집에서도 장난감을 누가 차지할 것인지, 누가 어느 의자에 앉을 것인지 하는 사소한 문제 때문에 승강이가 벌어졌다. 부모님은 평소 우리가 모든 것을 나눠야 한다고 가르치셨다. 우리에게는 옷 이외에는 개인 소유라는 개념이 없었다. 모든 것은 가족의 것이었다.

우리 집에는 장난감에 대한 규칙도 있었다. 나는 여덟 살 무렵 어렵게 그 규칙을 터득했다. 무얼 갖고 놀고 있었느냐는 중요하지 않았다. 내가 뭔가를 가지고 노는데 동생이 그걸 갖고 싶어하면 무조건 주어야 했다.

고집이 센 나는 그 가르침을 남보다 힘들게 깨쳤다. 메이벌이 두 살이 채 안 된 어느 날 우리는 밖에서 놀고 있었다. 나는 나무를 향해 고무공을 던진 다음, 튀어나오는 공을 뛰어가서 잡는 놀이를 하고 있었다.

"공 줘."

메이벌이 말했다.

"오빠 다 놀고 나서."

"공 줘."

옆에 서 계시던 아버지가 "래리, 동생한테 공을 줘라" 하고 말씀하셨다. 물론 나는 규칙을 알고 있었다. 하지만 그 규칙이 항상 공정하다고 생각하지는 않았다.

"내가 먼저 공을 갖고 있었어요. 메이벌은 내가 갖고 있으니까 괜히 달라고 하는 거예요."

내가 이의를 제기했다.

"그 말이 맞다. 하지만 너는 나이가 많으니까 이해할 수 있을 거다. 하지만 메이벌은 어려서 아직 나눔의 중요성을 모른단다. 물론 언젠가는 알게 될 거다. 메이벌이 어떻게 해서 그걸 이해하게 되는지 아니?"

"모르겠어요. 아빠."

"네가 메이벌에게 가르치고 있기 때문이란다. 지금처럼 말이다. 항상 기억해라, 래리. 네가 동생들과 나누면 동생들도 다른 아이들과 나누는 법을 배운단다."

물론 이번에도 아버지가 옳으셨다.

우리 집의 중요한 원칙은 그렇게 뿌리를 내리고 있었다.

Chapter
## 05

우애와
사랑

# 인생에서
# 가장 좋은 친구는
# 가족임을 알게 하라

"가족은 어떠한 경우에도
변함없이 네 곁에 있을 거야.
그러니까 가족이야말로
너희의 진정한 자산이란다."

우리를 키우는 내내 어머니는 가족이야말로 가장 중요한 존재이며 우리에게 최고의 친구는 바로 형제들이어야 한다고 강조하셨다.

"형제끼리 서로서로 친하게 지내야 한다. 엄마 아빠가 평생 너희와 함께 있을 수는 없단다. 그러니 너희가 서로를 도와주어야 해."

어머니는 간단한 이야기를 곁들여 가족 관계의 중요성을 강조하시기도 했다.

"너희한테 15년 사귄 절친한 친구가 있어도, 어느 날 둘 사이에 불화가 생기면 우정은 끝나고 만단다. 하지만 가족끼리는 불화나 의견 차이가 있어도 문제가 되지 않아. 가족은 어떠한 경우에도 변함없이 네 곁에 있을 거야. 그러니까 가족이야말로 너희의 진정한 자산이란다."

어머니 말씀대로 우리 형제들은 서로의 절친한 친구가 되었고 중년을 바라보는 지금도 여전히 가장 좋은 친구다. 우리는 자주, 때로는 매일이다시피 전화 통화를 한다.

어렸을 때도 마찬가지였다. 그래서 가족끼리 보내는 휴가가 더없이 즐거웠다. 지금 생각하면 어떻게 그럴 수 있었나 싶지만, 어릴 적에 열한 명이나 되는 가족이 차 한 대를 타고 여행을 떠난 적이 있었다. 열한 명이나 되는 사람들 사이사이에 여행 가방을 우겨 넣느라 부모님은 얼마나 힘드셨을까? 아무튼 우리는 필요한 모든 것을 차 안에 넣거나 차 위에 올리고 온 가족이 함께 여행을 떠났다. 우리 가족에게는 다 함께 가는 여행이야말로 흥미로운 모험이었다. 보통 일주일쯤 페이트빌을 떠나 여행을 했다. 여행 내내 우리는 함께했고, 가장 친한 친구가 내 곁에 있는 셈이었다. 이보다 더 좋은 휴가가 어디 있겠는가?

마이클과 미첼이 노스캐롤라이나 주 던햄에 있는 듀크대학에 입학했을 때 나는 그 애들만큼이나 좋아서 어쩔 줄 몰라 했다. 당시 나는 듀크 의과대학 대학원에 재학 중이었는데, 쌍둥이가 입학하면서 셋이 함께 살 수 있게 된 것이다.

형제들과 같은 아파트에 산다는 것이 좋았다. 형제들과 함께 있다는 사실만으로 집에 있는 것 같은 편안함을 느꼈다. 우리는 서로 의지했으며, 아무도 외롭지 않았다.

쌍둥이와 나는 3년 정도 대학 내 기숙사에서 함께 생활하면서 더없이 즐거운 시간을 보냈다. 집안일은 서로 분담해서 했다. 마이클과 미첼이 주로 요리를 맡았는데 둘 다 요리에는 소질이 없었다. 솔직히 말하면 당시 마이클과 미첼이 만든 음식은 겨우겨우 먹어줄 만한 수준이었다. 집에서 요리를 배웠는데도 맛은 영 아니었다.

새벽 1시에 함께 나가 던킨도너츠를 사먹은 적도 많았다. 그러고는 서둘러 기숙사로 돌아와 공부를 좀 더 하곤 했다. 어쨌든 우리는 행복한 시간을 보냈다. 무엇보다도 좋은 친구와 함께 있었으니까.

나는 가족과의 강한 유대, 형제자매들과의 우정을 통해 나름의 인생 철학을 만들어갔다.

"세상에 쉽게 얻어지는 것은 없다. 인생에는 오르막길과 내리막길, 성공과 실패가 있게 마련이다. 성공은 넘어졌을 때 얼마나 잘 추스르고 일어나느냐에 달려 있다. 자신을 추슬러야 할 때 하나님의 사랑 그리고 가족의 사랑이 가장 큰 힘이 된다."

데보라는 이를 이렇게 말했다.

"부모님은 함께 일하고 서로 돕고 격려하는 삶의 가치와 소중함을 몸소 보여주셨어. 부모님이 바라신 건 우리가 최선을 다하는 것뿐이었어. 항상 우리를 지지해주셨지만 잘못을 눈감아주진 않으셨지. 부모님은 서로 책임을 나누며 서로의 역할을 존중하셨어."

그리고 한마디 덧붙였다.

"우리는 지금도 최고의 친구들이야."

우리는 모두 각자의 자발적인 선택으로 대학에 진학했다. 부모님이 힘닿는 데까지 도와주기는 하셨지만 아홉 아이들의 학비를 모두 댈 만큼 넉넉한 형편은 아니셨다. 때문에 우리는 열심히 공부했고,

그 결과 장학금이나 학자금 대출, 연구 과제 등을 얻어 학비를 해결할 수 있었다.

나는 대학에 다니는 동안 돈 걱정을 하지 않았다. 용돈을 넉넉하게 써본 적은 없었지만 내가 가난하다거나 돈이 없어 불안하다는 생각은 안 했다. 이것이 바로 우리 가족의 일원이라는 데서 오는 편안함이요, 기쁨이다. 우리에게는 서로가 있었으므로 만족감이나 든든함을 느끼고자 물질적인 뭔가를 가질 필요가 없었다. 너무 진부한 말처럼 들릴지 모르지만 사실이다. 우리는 모두 다른 형제 또는 부모님에게 의지할 수 있으며, 어떻게든 일이 잘될 것이라는 확신을 갖고 있었다. 물론 하나님에 대한 믿음도 큰 힘이었다.

우리 아홉 형제는 모두 '최고의 친구'로 만나 평생 그 관계를 유지했다. 말로써 우리의 특별한 관계를 모두 설명하기에는 부족하다. 그래서 몇 가지 경험을 이야기하고자 한다. 우리 형제들 사이의 변함없는 친밀함을 보여주는 일화들이다.

프레드 형이 1980년대 치과 병원을 개업했을 때의 이야기다. 형은 군복무를 마친 뒤 곧장 병원을 열었다. 시작할 무렵에도 경제 사정이 좋지 않았고 얼마 안 있어 거의 파산 상태에 이르렀다. 개업하고 병원을 운영하는 과정에서 형은 몇 가지 실수를 저질렀다. 군 생활을 오래했던지라 개인 병원 운영과 관련된 복잡한 사항들을 충분히 이해하지 못한 탓이었다.

가령 환자에게 부분 틀니 또는 전체 틀니를 해주는 경우 선불로

돈부터 받는 게 아니라 일단 치료부터 하고 나중에 돈을 받는 식이었다. 그러다 보니 형편상 돈을 못 주는 환자는 물론 여유 있는 환자에게조차 돈을 떼이는 경우가 허다했다. 이미 치료한 틀니를 환불할 수는 없는 노릇이니, 돈만 고스란히 날리는 셈이 되었다. 게다가 대수롭지 않게 생각했던 치과 장비 구입도 문제로 작용해 사정은 더욱 어려워졌다. 하지만 우리 형제자매들은 형의 실수를 왈가왈부하지 않았다. 우리가 염려한 것은 오직 형이었다. 프레드 형은 나의 친형이자 최고의 친구로, 내 도움이 필요하다면 언제든 도와야 했다. 문제의 발단은 상관없었다.

형은 사업이 최악에 다다른 뒤에야 나에게 도움을 요청했다. 당시 나는 형제들 중에 경제적으로 가장 여유가 있는 편이었다. 나의 선택이 현명한지, 아니면 수지에 맞는 일인가는 따지지 않았다. 최고의 친구가 모든 것을 잃을 위기에 처했으므로 나는 그저 할 수 있는 바를 다할 뿐이었다.

나는 사무실을 담보로 내놓았다. 이미 소아과 의사로 자리를 잡아 형을 도울 여력이 있었고 기꺼이 그렇게 했다. 형의 경제 사정이 나아지기까지, 약 2년 동안 내가 형의 대출금을 갚았다. 한 달에 2,500달러였는데 나에게도 큰돈이긴 했다. 이상하게 들리겠지만 나는 형에게 금액에 대해 이러쿵저러쿵 이야기한 적이 없다. 오로지 내 관심은 형이 필요한 만큼 충분한 지원을 하는 것이었다. 나는 형을 사랑했고 형을 위해서라면 무엇이든 하고 싶었다. 형이 계속 힘든 상태였다면 더 오랜 시간이라도 도왔을 것이다.

동료 중의 한 사람이 그 일을 듣더니 내가 '희생을 하고 있다'는 표현을 썼다. 그 말에 내가 반박했다.

"그건 희생이 아니지. 오히려 영광이고 특권이야. 더없이 소중한 친구인데 그렇게 하고 싶지 않겠어? 형과 사이가 소원했어도 나는 그렇게 했을 거야. 우리는 가족이니까. '가족은 서로를 지켜줘야 한다.' 이게 우리가 어린 시절 집에서 배운 가르침이야."

"나도 그런 형제 하나 있었으면 좋겠어."

부러워하는 동료에게 내색하지는 않았지만 속으로 생각했다.

'나한테는 그런 형제자매가 여덟 명이나 있어. 내가 프레드 형을 도운 것처럼, 내가 어려울 때 득달같이 달려와 나를 도와줄 형제들이지.'

내가 친구들과 싸울 때 형은 언제나 나를 지켜주었다. 내가 아이들한테 당하고 있으면 형은 누가 먼저 싸움을 시작했는지는 개의치 않았다. 무조건 나를 돕는 데만 신경을 썼다. 어찌 보면 형에게 돈을 빌려준 것은 그런 보살핌에 대한 보답이라고 볼 수도 있다.

한번은 이런 일도 있었다. 1998년 직업 장교인 다이피어드가 대령으로 승진하여 텍사스 주 포트후드에 있는 대대 지휘관이 되었다. 형제들 모두 다이피어드의 취임식에 참석하기로 했다. 하지만 나는 안타깝게도 참석할 수 없었다. 그때 당시 혼자서 병원을 운영하고 있었는데, 대신 맡아줄 사람을 찾지 못했던 것이다. 다이피어드의 삶에서 더없이 중요한 순간을 함께하지 못하는 상황이었다. 그래서 동생에게 미안한 마음이었다(물론 다이피어드가 그렇게 생각하지 않으리란 걸 알고 있었지만).

언젠가 이런 적도 있다. 다이피어드의 쌍둥이 딸인 에이드리엔과 안젤리크가 1999년 5월에 고등학교를 졸업할 때의 일이다. 이때 다이피어드는 아이들 졸업식 직전에 보스니아로 전출 명령을 받았다. 유고슬라비아 내전이 터진 직후였으므로 긴장감이 흐르고 큰 위험이 따르는 지역이었다. 어쩔 수 없이 다이피어드는 딸들의 졸업식에 참석할 수 없게 되었다. 나중에 다이피어드는 이때를 자기 삶에서 가장 낙담했던 시기라고 말했다.

"정말 어린애처럼 울었다니까."

다이피어드는 당시의 경험을 이렇게 말했다.

아이들이 크면서 이래저래 참석하지 못한 행사가 많았지. 하지만 쌍둥이 딸의 고등학교 졸업식에 참석하지 못할 거라곤 생각도 못했어. 살면서 가장 힘들었던 일 중의 하나야. 지금도 보스니아에서 눈을 떴던 그날 아침 기억이 생생하다니까. 평온한 아침이었어. 사실 보스니아에선 그렇게 평온한 날이 흔치 않으니 평소 같으면 기분 좋아야 할 시간이었지. 하지만 생각이 자연스레 집으로 옮아갔고 가족들이 떠올랐지. 감정이 복받쳐 오르더군. 당장이라도 집으로 가서 가족과 같이 있고 싶었어. 그럴 수 없다는 건 알고 있었지만.

나는 330명이 넘는 대대 기동 부대를 지휘하고 있었지. 공중전이 코앞이었어. 갑자기 아버지 생각이 나더군. 직업 군인으로 평생을 사신 아버지가 얼마나 여러 번 이런 깊은 고독을 맛보셨을까 싶었어. 모든 병사들이 사랑하는 사람들과 떨어져 있을 때 느낄 수밖에 없는 그런 고독 말이야. 우리 아이들과 아내는 어떨까? 그들은 내가 중요한 순간 자신들과 함께할 수 없는 이유를 이해할까?

물론 가족이 이해하리란 걸 알고 있었지. 그렇다고 해서 안타까움이나 슬픔이 줄어들진 않더군. 그래도 난 마음을 다잡고 전진해야 했지. 나는 전쟁터인 보스니아에 있었으니까. 그것이 내 일이고, 이곳이 나를 필요로 하는 곳이고, 내가 다른 것을 희생하면서 선택한 길이었으니까. 부모님이 보여 주신 희생과 헌신이라는 본보기가 힘겨운 상황에서 나를 다잡는 데 도움이 되었던 것 같아. 그래서 병사들을 이끄는 임무에 충실할 수 있었지.

쌍둥이 아빠는 졸업식에 올 수 없었지만 우리 형제들 중에 몇몇은 가능했다. 어머니는 비행기 타는 걸 끔찍이 싫어하셨지만 쌍둥이 졸업식에는 기꺼이 참석하셨다. 우리 형제들 모두는 아니었지만 대부분은 참석했다. 무엇보다 특별한 행사였으니까. 가장 친한 친구의 딸이 졸업식을 하는 시점에 우리는 친구를 대신하여 그 자리를 지켜주고 싶었다.

이번 일은 좀 더 오래전의 일이다. 고등학교 시절 형과 나는 여름방학 때마다 잔디 깎는 일을 했다. 우리는 아무런 문제없이 함께 일하고 돈을 공평하게 나눠 가졌다. 열다섯 살이 되자 형은 여름 방학에 운전교육 수업을 받게 되었다. 수업이 있는 2주 동안 형은 오전에 학교를 가야 했고, 잔디 깎는 일을 할 수 없었다. 결국 나 혼자서 잔디를 깎았다. 하지만 나는 형에게 잔디 깎은 돈의 반을 주었다.

"못 받아. 이건 네 몫이야. 네가 일을 다 했잖아."

나는 고개를 가로저었다.

"우리는 팀이야. 내가 운전교육을 받으러 갔다면 어땠을까? 형은 나 없이 번 돈을 나랑 나누지 않았을 것 같아?"

"물론 나눠 가졌겠지."

내가 '거 봐' 하는 표정으로 미소를 지었다.

둘 중 누구도 '내가 일을 더 많이 했잖아' 따위의 말을 하는 건 생각도 못했다. 사실 다른 친구가 지적하지 않았다면 지금까지도 그런 생각을 해보지 않았을 것이다. 그 친구는 형이 학교에 가는 동안 나 혼자 일을 하고 돈을 똑같이 나눈 것은 어리석다고 말했다.

"하지만 우리 형인걸. 게다가 가장 좋은 친구이기도 하고."

이 한마디로 토론은 끝이 났다.


마지막 일은 마이클의 병과 관련된 것이다. 마이클은 오랫동안 당뇨로 고생을 했고 몇 해 동안 투석 치료를 받았다. 하지만 마이클의 상태는 계속 악화되었다. 의사인 내가 보기에는 신장 이식만이 마이클의 생명을 살릴 수 있었다. 답이 빤했으므로 마이클도 그 사실을 알고 있었을 것이다. 하지만 마이클은 자존심이 강하고 완고했다. 우리가 독일에 살 때 부대원들의 크리스마스 선물을 거절했던 아버지

처럼. 마이클은 형제들에게 부담을 주지 않고도 스스로 몸을 건사할
수 있다고 생각했다.

"난 계속해서 나아가야 해."

한번은 그렇게 말했다. 아마 아버지의 말씀을 떠올린 탓이리라.

2000년 마이클의 상태는 위험 수위에 이르렀다. 투석이 더 이상
효과가 없었고 오늘내일 하는 상황이었다. 마침내 어머니가 마이클
과 장시간에 걸친 대화를 나누면서 마이클 때문에 우리 가족들이 힘
들어하지 않는다는 걸 깨닫게 해주었다. 사실 마이클을 힘들게 하고
있는 건 자기 자신이었다.

"어머니 말씀이 옳아요. 우린 가족이니 무슨 일이 있더라도 항상
단결해야 해요. 지금까지도 우린 항상 그랬잖아요."

마침내 마이클은 신장 이식을 받겠다고 했다. 당연히 형제들 중에
한 사람이 신장을 기증해야 했다. 누구나 기증자가 되고 싶었지만
모두가 가능한 것은 아니었다. 의사는 당뇨가 있는 나와 쌍둥이 동
생 미첼을 기증자에서 제외시켰다. 메이벌은 조직 적합성 교차 반응
검사에서 거부 반응이 없었지만 혈압이 높아 배제됐다.

이런저런 이유로 제외되자 형제들 중에 딱 맞는 기증자는 단 한
사람, 다이피어드뿐이었다. 건강상의 문제는 없었지만 다이피어드
는 직업 장교로 대령이었다. 신체 건강이 무엇보다 중요하고 항상
신체에 위험이 따르는 일이었다. 신장을 하나 떼어내면 체력이 예전
만 못할 수도 있었다. 다이피어드는 공격용 아파치 헬기를 몰았는데
등이나 신장에 부상을 당할 위험이 있었다. 때문에 신장 하나로 군

생활을 버틸 수 있을지 의문이었다. 만일 추락 사고라도 일어나 신장이 다치거나 했을 때는 난감할 노릇이었다.

더구나 다이피어드에게는 돌봐야 할 가정이 있었다. 아이들 셋이 모두 대학에 다니고 있어서 지출이 큰 시기였다. 가장인 다이피어드에게 무슨 일이라도 일어난다면 아이들의 장래도 영향을 받을 것이었다.

자기 몸에 해가 될 수도 있었지만 다이피어드는 그런 생각은 일단 접어두었다. 수술이 자신의 군대 경력을 위태롭게 할 수도 있었지만, 소중한 형의 생명을 살리는 것이 우선이었다.

2000년 10월 우리 형제들 모두가 마이클의 수술을 보기 위해 애틀랜타에 있는 병원으로 향했다. 비행기를 타고 오는 이도 있었고 차를 몰고 오는 이도 있었다. 이식 수술은 성공적이었다.

다이피어드는 당시의 경험을 이렇게 술회했다.


내가 가장 자랑스럽게 생각하는 일은 마이클 형에게 신장을 나눠 준 것이야. 2000년 10월 31일 우린 둘 다 신장 이식 수술을 받았어. 난 기증자로서 수술을 받았지.

신장을 기증하기 전에 앨라배마 주에서 검사를 받았어. 젊은 병사가 묻더군.

"왜 형한테 신장을 기증하려는 겁니까?"

나는 오히려 이해할 수 없다는 표정으로 병사를 바라보았지.

"내 형이잖나, 그게 이유라네."

내가 대답했어. 하지만 병사는 이렇게 말했지.

"저는 형이라도 그렇게 하지 않을 겁니다."

난 그 말을 믿을 수가 없었어. 정말 의아했지. 우린 군인이야. 전혀 모르는 사람들을 위해서 목숨을 걸고 싸우는 거잖아. 낯선 사람을 위해서는 희생을 감수하면서 피와 살을 나눈 형제를 위해서는 희생할 수 없다니 어떻게 그럴 수가 있지? 내가 당시 좀 더 깊이 생각했더라면 이렇게 말해 줬을 것 같아.

"나는 내가 옳다고 생각하는 일을 하는 걸세. 가족이 가장 중요하니까. 내 생애에서 가장 자랑스러운 순간이라네. 형에 대한 사랑의 선물이지. 나는 형에게 생명이라는 선물을 줄 수가 있잖나. 이보다 값진 것이 뭐가 있겠나?"

형이 죽고 맏이가 된 내가 마이클의 이식 수술을 보면서 느낀 것은 가족 모두의 한결같은 지지와 지원이었다. 마이클은 형제 중 누구랄 것도 없이 모두가 자신에게 신장을 기증하기를 바랐으며, 가능하기만 했다면 다들 그렇게 했으리란 걸 잘 알고 있었다. 그 경험은 우리 형제들이 서로를 얼마나 깊이 사랑하고 있는지를 새삼 깨닫게 했다. 무엇보다도 우리는 최고의 친구임을 확인할 수 있었다.

# Chapter
# 06

나눔과
선행

# 어려운 사람을 돕고
# 항상 베푸는
# 모습을 보여라

"네가 사람들에게 잘하면
언젠가 그만큼 되돌아온단다."

현재 네 명의 여동생은 아이들과 관련된 일을 하고 있다. 프레드 형과 나는 각자 치과 의사와 소아과 의사가 되었다. 쌍둥이도 의대에 들어가려 했으나 뜻대로 되지 않았다. 그래서 제약 회사에서 일하는 쪽을 택했다. 우리 형제들은 각자의 위치에서 저마다의 방식대로 다른 사람에게 도움의 손길을 뻗치고 있다. 어머니가 늘 하신 말씀대로 살려고 했다.

"항상 적극적으로 일해라. 그리고 어려운 이웃을 도와 사랑을 실천하렴."

우리는 열한 명이나 되는 대가족이었고, 가족에게 헌신적이었지만 더불어 다른 사람들을 돕는 데 최선을 다하라는 가르침을 받고 자랐다.

"너희보다 가난한 사람에게 기꺼이 베푸는 마음을 가져라."

어려운 사람을 돕고
항상 베푸는 모습을 보여라

부모님은 남을 돕는 것은 우리의 권리이자 책임이라는 생각을 깊이 심어주셨다. 또한 다른 가족의 삶의 방식이나 씀씀이에 대해 이러쿵저러쿵하지는 않으셨다. 다만 가끔씩 우리가 같은 우를 범하지 않도록 늘 조심해야 한다고 지적하시곤 했다.

우리는 돈이 많지 않았지만 대신에 늘 서로를 보살피는 법과 우리보다 못한 사람들이 있다는 사실을 잊지 말라고 배웠다. 그리고 금전적인 지원은 선행의 한 가지 방법일 뿐, 따뜻한 마음과 행동으로도 다른 사람을 도울 수 있다는 사실을 배웠다. 우리가 남에게 선행을 베풀 때, 때론 그것을 이용하는 사람도 있다고 배웠다. 하지만 부모님은 그런 사실조차 극복할 수 있게 해주셨다.

남과 나누는 삶에 대한 부모님의 태도를 보여주는 좋은 예가 있다. 아버지가 처음 새 차를 샀을 때의 일이다. 차종은 1965년형 내쉬 램블러였다. 아버지는 새 차를 너무나 뿌듯해하셨는데 우리도 마찬가지였다.

아버지가 내쉬를 집으로 몰고 오신 첫날이었다. 삼촌 중의 한 분이 급하게 워싱턴 D.C.에 가야 할 일이 생겼다며 차를 빌려달라고 하셨다. 아버지는 한 치의 주저함도 없이 새 차 열쇠를 건네셨다. 삼촌은 자신의 구형 램블러를 우리 집에 두고 떠나셨다. 게다가 어느 의자에는 누가 앉고, 누구는 어디에 앉지 말고 식의 까다로운 지시까지 내리셨다.

"아빠, 어떻게 그러실 수 있어요?"

나는 당시 말 많은 10대였고 돌아가는 상황에 충격을 받은 터였다. 더구나 삼촌이 구형 램블러에 '자리 지정'까지 해주면서 까다롭게 굴어 살짝 화가 났다.

"삼촌한테 금방 뽑은 새 차를 빌려주다니요!"

집에 있던 다른 형제들도 이의를 제기했다. 하지만 아버지는 빙그레 웃으며 이렇게 말씀하실 뿐이었다.

"글쎄, 넌 아직 모르겠지만 네가 사람들에게 잘하면 언젠가 그만큼 되돌아온단다."

그 사건은 어린 시절 내가 겪은 놀라운 경험 중의 하나였다. 아버지는 내쉬 램블러의 계약금을 치르려고 죽도록 열심히 일하셨다. 때문에 나는 채 100킬로미터도 달려 보기 전에 아버지가 우리 가족이 아닌 사람에게 차를 빌려줬다는 사실이 너무 안타깝고 속상했다. 하지만 아버지는 그런 생각은 하지도 않으셨을 것이다.

우리는 가진 것은 많지 않았지만, 이미 밝힌 대로 계속해서 남에게 베풀고 나누었다. 육군 기지의 젊은 신참 병사가 페이트빌로 와서 교회에 참석하는 때도 있었다. 가정을 꾸린 사람들이 아니었으므로 예배가 끝난 뒤 기지로 돌아갈 수밖에 없었다. 어머니는 여러 번 그들을 집에 초대하셔서 식사를 같이 했다. 우리가 나눌 수 있는 것이었으니까. 우리가 대학에 다닐 때도 어머니는 불우한 처지의 학생들을 보실 때마다 항상 그렇게 하셨다.

부모님의 솔선수범은 자연히 나뿐만 아니라 형제들 모두에게 영향을 미쳤다. 돕고 베푸는 것은 우리 삶의 원칙이 되었다.

미첼의 이야기를 들어보자.

　　결코 자랑이나 허풍이 아니라 나누고 베푸는 것은 우리 삶의 일부였어. 가족 전체 차원에서 또는 개인적으로, 우리는 장학금을 받지 못하는 아이들의 수업료를 내주었잖아. 덕분에 대학을 포기할 뻔한 아이들이 대학에 갈 수 있었어. 전기가 끊기거나 차가 없는 사람 이야기를 들으면, 우리 가족은 전력을 다해 도왔지. 때로 돈을 빌려주기도 했어. 돌려받지 못할 거라고 생각하면서도 말이야. 우리가 그렇게 한 건 부모님이 우리에게 나누고 베풀라고 가르치셨기 때문이야.

　　나는 진정으로 도움이 필요한 사람 앞에서 등을 돌려 두고두고 죄의식을 느끼고 싶지 않았다. 하지만 한편으로 이용당하는 것도 싫었다. 하지만 둘 중에 하나를 택해야 한다면, 진정 궁핍한 사람에게서 등을 돌리는 실수보다는 오히려 이용당하는 쪽을 택하겠다.

　　도움은 금전적인 차원에만 머물지 않았다. 가령, 어느 날 정시에 병원 문을 닫았는데 30분쯤 뒤에 뒷문을 쾅쾅 치는 소리가 들렸다. 나가 보니 한 아주머니가 아이를 안고 있었다.

　　"딸이 많이 아파요. 도와주세요."

　　그 상황에서 난 "응급실로 데려가세요"라고 말할 수도 있었다. 하지만 그러지 않았다. 아이를 보니 많이 아픈 것 같았다. 그래서 얼른 "들어오세요" 하고 말했다. 난 그저 집에서 배운 가르침대로 따랐을

92　　　　　　　　　　　　　　　　　　　　　　　　Chapter 06
　　　　　　　　　　　　　　　　　　　　　　　　나눔과 선행

뿐이다.

우리 집에서 옷을 재활용했던 일도 기억난다. 가끔씩 아직 쓸 만한데 아무도 안 입는 그런 옷이 있었다. 특히 여자 형제들 옷 중에 많았다. 어머니는 종종 그런 옷을 자녀가 열한 명인 이모에게 가져다주셨다. 그렇다고 그 이모가 우리한테 그만큼 베푼 것은 아니다. 그래도 어머니는 옷 말고 음식이나 다른 것들도 여러 차례 가져다주셨다. 굳이 어머니가 말씀하시지 않아도 우리는 눈으로 보며 배웠다.

눈으로 보며 배우는 것만큼 중요한 가르침은 없다. 부모님은 몸소 다른 사람을 따뜻하게 대하시고 항상 너그럽게 베푸셨다. 우리는 그런 두 분을 보며 자랐다. 그리고 부모님이 몸소 사랑을 실천하시는 모습이 내가 다른 사람에게 친절을 베푸는 데 다른 무엇보다 중요한 가르침이 되었다.

우리는 나누고 베푸는 것을 우리 주변에만 국한하지 않았다. 해마다 마이클은 아프리카 선교사들에게 모터 달린 자전거를 제공하는 단체에 돈을 기부한다. 교회와 교회 사이가 30~40킬로미터나 되는데, 교통수단이 원활치 않아 그 거리를 걸어서 이동해야 하는 상황이라는 말을 들었기 때문이다.

우리 형제들은 아이들을 돕는 일에 전력을 다한다. 예를 들면 지역의 학교와 소년 소녀 단체들을 돕는 데 열심이다. 나는 교회 농구팀의 유니폼 구입비를 정기적으로 지원하고 있다. 또한 시에서 저소득층 어린이를 위해 운동 장비 및 유니폼을 구입하는 비용도 지원하고 있다. 우리 형제들은 죽은 프레드 형을 기념하는 장학금을 만들어 지역 고등학교에 기부하기도 한다.

나는 이 모든 것이 바로 다음과 같은 사실로 귀결된다고 생각한다. 우리가 우리의 뿌리를 잊지 않았다는 사실이다. 어머니는 우리가 자라서 무슨 일을 해도 좋지만 우리의 뿌리를 망각해서는 안 된다고 강조하셨다.

"근본으로 돌아가렴. 다른 사람들에게 도움의 손을 내밀어라."

그렇다고 우리가 기준 없이 아무한테나 도움을 주었다는 것은 아니다. 부모님은 우리에게 기준을 정하고 판단하는 법도 가르치셨다. 해마다 이것저것을 핑계로 지원을 바라는 사람들이 많다. 개중에는 스스로 자립하려는 노력조차 하지 않은 채 손만 벌리는 사람들도 많다. 우리는 그런 무기력한 사람은 돕고 싶지 않았다. 진정으로 도움이 필요한 사람들을 찾아 돕고 싶었다.

두 가지 사례가 있다.

첫째, 거의 매해 나는 어린이 테니스 시합을 후원한다. 내가 후원한다는 소문이 퍼지자 성인들도 대회를 후원해 달라고 찾아왔지만 나는 다음과 같은 이유로 거절했다.

"어른들은 후원하지 않습니다. 아이들만 후원하지요. 아이들은 스스로 해결할 수가 없으니까요."

둘째, 처음 병원을 열었을 때 걱정스러운 몇몇 부모들이 있었다. 아이한테는 반드시 필요한 약이었는데 과연 그들이 처방해준 약을 애들한테 사줄 수 있는 형편인지 걱정스러웠다. 그래서 가끔은 처방전을 써주고 나와 거래가 있는 근처 약국으로 보냈다. 그러면 약사가 그 사람들에게 약을 주고 나한테 금액을 청구했다.

그러던 어느 날 젊은 엄마가 아이를 데려와 물었다.

"타이레놀이 좀 필요해요. 있으시죠?"

매번 병원에 와서 공짜로 약을 달라고 하는 사람이었다. 본인이나 아이 약을 알아서 조달하는 법이 없었다. 내가 친절을 베푸는 것이 더 이상 그 사람에게 도움이 되지 않는다는 판단이 들었다.

"없습니다. 공짜로 줄 타이레놀은 없네요. 나가서 사지 그러세요."

"돈이 없어요."

"아이 아빠는요?"

"어디 있는지도 몰라요."

"아이 조부모님은 계시지 않습니까?"

"그분들도 돈이 없기는 마찬가지예요. 어쩌죠?"

그 젊은 엄마한테서 이런 얘기를 하도 여러 번 들은 터라 나는 그날 자제력을 잃고 폭발하고 말았다. 생활보호를 받으면서도 구직 노력을 전혀 하지 않는 사람이었다.

"이 아이를 직접 낳으신 게 맞지요?"

"그럼요."

"그럼 이 아이의 엄마입니다. 아이를 책임지는 엄마라면 나가서 일을 하십시오. 타이레놀을 살 수 있는 돈을 벌어야지요. 아이를 낳는 것은 실로 중대한 결심입니다. 그런 중대한 결정을 했다면 그에 상응하는 희생을 감수할 자세도 되어 있어야지요."

"희생이라고요? 전 가진 것이 없어서 희생이고 뭐고 할……."

"립스틱을 바르고 계시네요. 담배 냄새도 나고요. 맥도널드에서 식사도 하셨겠지요? 그런 돈을 아껴서 타이레놀을 사십시오."

"아무래도 다른 의사한테 가봐야겠네요. 다른 의사 선생님은 분명 타이레놀을 줄 거예요. 공짜로요."

"샘플로 들어온 게 있었다면 드렸을 겁니다. 하지만 타이레놀을 사서 드릴 순 없습니다. 그건 아이의 엄마가 해결해야 할 문제죠."

그 젊은 엄마는 도대체 이해할 수 없다는 눈빛으로 나를 응시하더니 화를 내며 나가 버렸다. 그런 표정을 보고 나니 처음엔 기분이 좋지 않았다. 하지만 세상에는 뭐든 공짜로 얻으려 하는 사람들이 있게 마련이라는 아버지의 말씀이 떠올랐다. 아버지는 여러 번 이렇게 말씀하셨다.

"갖고 싶은 게 있으면 일을 해라."

더러는 이런 나를 이용하는 사람도 있었다. 언젠가 한 남자가 사무실로 찾아왔다.

"해리스 박사님, 전 박사님을 기억합니다. 저희 아이들을 보살펴주시고 항상 저희한테 잘 대해주셨으니까요."

그러고는 이어서 말했다.

"지금 전 돈이 하나도 없습니다. 그런데 차를 정비소까지 견인해야 한답니다."

나는 우물우물하며 정말 안됐다는 말을 했던 것 같다.

"그러니까 말입니다, 박사님. 내일이 돼야 월급이 나온답니다. 그런데 당장 차를 수리를 해야 하는 상황이에요. 25달러만 빌려주시면 꼭 갚겠습니다. 정말입니다. 내일 월급을 받자마자 갚겠습니다."

나는 남자를 믿었고 돈을 주었다. 몇 분 뒤 그가 다시 왔다.

"견인료가 40달러라고 하네요."

나는 다시 15달러를 주었다.

"걱정 마십시오. 내일 이맘때쯤 와서 깨끗이 갚아드리겠습니다."

하지만 그 남자를 다시 보지 못했다. 비록 그가 거짓말로 나를 속이기는 했지만 그 곤란했던 상황만은 사실일 것이라고 믿는다. 부모님은 곤경에 처한 사람을 도우라고 가르치셨다. 때문에 지금도 그때의 일은 잘한 것이라고 믿는다.

가끔씩 함께 자란 고향 사람 중에 "래리, 배고파. 샌드위치 사먹게 2달러만 줄래?" 하며 나타나는 경우도 있다.

"그뿐이겠어. 더 줄 수도 있지."

선뜻 대답하고 가게로 들어가 샌드위치를 사준다. 그러고는 가게를 나오기 전 점원에게 말해 둔다.

"만약에 샌드위치를 가져와도 돈으로 환불해주지 마세요."

누군가 배고픈 것도 싫지만, 누군가의 술값을 대주고 싶지도 않기 때문이다.


앞에서 말한 대로 어머니는 할인매장에서 오랫동안 일하셨다. 하지만 교사 보조원으로 일하게 되었을 때에야 비로소 진정 마음에 맞는 일을 하게 되셨다. 교사 보조원은 어머니가 좋아하는 아이들을 도울 수 있는 좋은 방법이었다. 그즈음 어머니는 고등학교를 졸업하셨고, 아버지는 대입 검정고시 자격증을 따신 후 우리가 모두 대학에 들어간 뒤에야 대학을 졸업하셨다. 비록 어머니는 대학에 갈 순 없었지만, 교실에서 아이들을 돕는 것으로 나눔을 실천하셨다.

여러분과 공유하고 싶은 어머니의 귀중한 경험담을 들려주고자 한다. 어머니가 직접 해주신 이야기다.


가장 기억에 남는 남학생이 있단다. 정서 장애로 교육에 문제가 있다는 판정을 받은 아이였지. 교감 선생님이 아이를 교실로 데려와서 아이가 보는 앞에서 선생님에게 이렇게 말했단다.

"아이 상태가 많이 안 좋습니다. 제대로 하지는 못할 겁니다. 배우지도 못할 테니, 학기가 끝날 때까지 할 수 있는 최선을 다해주세요."

누군가 아이를 그런 식으로 생각한다는 사실이 가슴 아팠어. 더 가슴 아팠던 건 교감 선생님이 아이가 보는 앞에서 그런 얘길 했다는 사실이었지. 그리고 '교육 효과가 없을 만큼 상태가 안 좋은 사람은 없다'는 생각도 했단다. 그게 내 소신이었으니까. 하지만 당시에는 아무 말도 하지 않았지.

그날 늦게 선생님이 아이의 읽기를 도와주라고 하더구나. 나는 바닥에 앉아 있는 아이 옆에 앉았어.

"어려운 부분이 어디니? 내가 도와주마."

"전 안 읽어도 돼요. 읽기 같은 거 안 하고, 하고 싶은 대로 해도 된다고요."

"작년에도 그렇게 했니?"

아이가 고개를 끄덕였단다.

"흐음, 올해는 아무래도 그렇게는 안 되겠구나."

"엄마가 그러는데, 아주머니는 우리를 가르치는 사람이 아니라고 했어요. 그런데 왜 그런 걸 신경 써요?"

"네 엄마 말씀이 정확하다. 난 너희 어머니가 집에서 가르쳤어야 했던 것들을 다 가르칠 때까지는 너한테 공부는 하나도 가르치지 않을 거다. 너희 엄마가 가르쳤어야 했던 게 뭔지 아니? 앉아서 가만히 있는 것이란다. 너는 올해 다른 건 아무것도 배우지 않을 거다. 그저 가만히 앉아 있는 것만 배우게 될 거야. 알겠니?"

아이가 놀랐는지 눈을 동그랗게 떴다. 그 전엔 아무도 그런 말을 한 사람이 없었던 모양이더구나.

"그러든지요."

그리고는 얼굴을 잔뜩 찡그리더니 소리를 치더구나.

"아줌마 정말 싫어요!"

"상관없다. 난 인기를 얻으려고 여기 온 게 아니니까. 하지만 내가 여기 있는 한 넌 내가 말한 대로 해야 할 거다. 알았니?"

아이는 머리를 푹 숙이고 대꾸를 하지 않았어.

그날 남은 시간 동안 나는 다른 아이들을 돌보면서 한편으로는 그 아이가 내 옆에 똑바로 앉아 있게 했지. 아이는 잠시를 못 버티고 자꾸 일어서려고 했어. 그러면 내가 "앉아라" 하고 엄하게 주의를 주었지. 아이가 다시 앉으면 못 본 척 내버려두었단다.

처음 교실에 들어왔을 때, 아이는 정말 아무것도 모르고 있더구나. 읽지도 못했지. 1 더하기 1의 개념도 이해하지 못했다. 2년 동안 마냥 놀기만 한 거야. 하지만 그날 이후 교감 선생님이 말하던 아이의 정서 장애 문제는 말끔히 사라졌단다. 일단 배울 준비가 되자 아이는 오히려 다른 아이들보다 빠르게 배웠단다. 그해 말에 아이는 또래의 평균 수준으로 읽을 수 있게 되었어. 심지어 두 자리 숫자를 더할 수도 있게 되었지.

학기 마지막 날 아이가 내게 와서 "제 이름도 쓸 수 있어요" 하고 말문을 열더구나. 그리고 자기가 할 수 있는 다른 것들을 나열하기 시작했단다. 나는 미소를 짓고 아이와 함께 웃었다.

"해리스 아줌마, 제가 또 뭘 배웠는지 아세요? 가만히 앉아 있는 것도 배웠어요."

"거 봐, 내가 말한 대로잖니."

"그거 아세요? 전 아줌마가 정말 좋아요."

아이는 떠날 때 나를 꼭 껴안아주었단다.


부모님과 우리 자식들 사이의 가르치고 배우고 실천하는 관계는, 말하자면 윗물이 맑아야 아랫물이 맑다는 옛말쯤으로 설명할 수 있겠다.

공경과
겸손

# 어른을 공경하고
# 형제끼리
# 존중하게 하라

"모든 어른을 공경해라.
무슨 일이 생기면 스스로를 먼저 돌아보고,
공손하게 행동해야 한단다."

어머니는 우리가 아주 어릴 적 이야기를 할 때면 늘 빙그레 웃으셨다. 나야 기억하지 못하지만 우리가 아장아장 걷기 시작할 무렵부터 물건을 잡는 것과 함께 서로 돕는 법을 가르치셨다고 한다. 어머니는 내 기저귀를 갈 때면, 형에게 간 기저귀를 빨랫감 속에 집어넣는 일을 시키시곤 했다. 데보라가 태어났을 때는 나한테 똑같은 일을 시키셨다. 우리 형제들은 항상 물건을 제자리에 정리 정돈해야 했다.

언젠가 집에 온 손님 한 분이 아이들한테 그런 일을 시킨다고 비난한 적이 있다.

"이러시면 안 됩니다. 지금 아이들을 노예처럼 길들이고 있어요."

"옷가지를 바닥에 늘어놓도록 내버려두면, 아이들은 옷가지가 당연히 그렇게 있어야 한다고 생각할 겁니다. 그럼 전 하루 종일 옷가지를 줍고 있어야겠지요. 그러면 안 돼요. 아이들은 옷이 있어야 할 자리를 알아야 합니다."

손님의 말에 어머니가 속상하셨을지도 모르겠다. 하지만 아이들의 행동을 바로잡는 자신만의 방식을 바꾸지는 않으셨다.

집에서 배운 다른 규율도 있다. 내가 열 살쯤 되었을 때 데보라와 맞붙어 싸운 적이 있다. 데보라가 먼저 주먹을 날렸고 나도 맞받아쳤다. 두어 번씩 가벼운 주먹이 오갔다. 난 나이도 많고 덩치도 더 컸기에 데보라의 패배가 확실했다. 그러자 데보라는 방을 뛰쳐나가 아버지에게 소리쳤다.

"아빠, 래리 오빠가 나를 때려요!"

내가 곧장 데보라를 뒤따라 나와서 말했다.

"데보라가 먼저 시작했어요. 먼저 저를 때렸다고요."

"래리, 무슨 일이 있어도 남자는 여자를 때려선 안 된다."

아버지는 옛날 당신이 어렸을 때, 여동생 가슴을 때려서 다치게 한 일을 이야기하셨다. 그러고는 나를 꾸짖으신 다음 이렇게 덧붙이셨다.

"애야, 여자들은 몸도 작고 육체적으로 더 연약하단다. 여자애들이 아무리 때려도 남자애들이 여자애한테 하는 만큼 그렇게 큰 상처를 줄 수가 없지."

아버지가 그렇게 말씀하시는 동안에도 나는 속으로 데보라가 상당히 세게 나를 때렸고 많이 아팠다고 생각했다. 하지만 그걸로 아버지와 이러쿵저러쿵 논쟁을 벌이지는 않았다.

"아빠가 엄마를 때리는 걸 본 적 있니? 아빠가 엄마 아니라 어떤 여자라도 때리는 걸 본 적이 있니? 여자를 때리면 안 된다. 절대로."

"알겠어요, 아빠."

그 후로 나는 여동생들은 물론 어떤 여자도 때려본 적이 없다. 하지만 이 사건의 최종 마무리는 이러했다. 나중에 내가 어머니에게 일어난 일을 이야기했다. 데보라가 자기가 먼저 나를 때렸다는 걸 시인하자 어머니는 데보라에게 벌을 주셨다. 나는 그제야 정당하다는 느낌을 받았다.


우리는 아주 어려서부터 어른을 공경하라고 배웠다.

"모든 어른을 공경해라. 설령 어른이 너희를 존중하지 않고 무례하게 굴더라도."

우리는 늘 이런 말을 들으며 자랐다.

"어른한테 말대꾸를 해서는 안 된다. 어른이 너한테 뭔가 잘못된 행동을 한다면 우리한테 와서 이야기하렴. 엄마 아빠가 알아서 할 테니까. 무슨 일이 생기면 스스로를 먼저 돌아보고, 늘 공손하게 행동해야 한단다."

아버지가 말씀하셨다.

"어른의 행동을 너희 맘대로 고칠 수는 없어. 하지만 그런 사람을 본받아서도 안 된다."

사실 두어 번 경기 도중 코치에게 소리를 지른 적은 있다(그리고 나면 보통은 게임에서 퇴장당한다). 하지만 부모님의 가르침을 잊은 적은 없다. 이는 다른 형제자매들도 마찬가지였다.

우리 형제들은 부모님께 말대꾸를 하지 않았다. 부모님이 벌을 내리지는 않을까 하는 두려움이나 걱정 때문이 아니었다. 건방진 말대꾸 자체가 나를 포함한 우리 형제들에게는 아예 떠오르지 않았다는 편이 정확할 것이다. 아주 드물게 그런 적이 있긴 하지만.


어렸을 때 프레드 형과 나는 침대를 같이 썼다. 그리고 격일로 번갈아가며 침대를 정리했다.

당시 형은 열한 살이었는데 자기가 청소를 맡은 날에 청소를 하지 않았다. 아버지가 우리 방을 들여다보셨던 날 역시 형이 정리를 하는 날이었지만 침대도 정리되어 있지 않은 데다 바닥 청소도 안 된 상태였다.

"네가 치울 날이구나, 프레드. 지금부터 어서 방을 치워라."

"방이 허름해서 치워봤자 티도 안 나는걸요. 전 피곤해요. 게다가 제가 보기에는 괜찮아요."

아버지는 한동안 아무 말씀 안 하셨다. 그러고는 천천히 머리를 가로저으셨다.

"그게 지금 적절한 태도냐?"

아버지의 얼굴에 드러난 서글픈 표정이 말보다도 강하게 아버지의 뜻을 전달하고 있었다.

"아빠는 항상 너를 배려하고 공정하게 대했다. 방금 네가 한 말을 다시 생각해봐라. 정말로 네 태도가 옳았다고 생각하니?"

형이 부끄러워 고개를 숙였다.

"내가 너를 존중하지 않고 무례하게 대하면 네 기분이 어떻겠니? 네가 하고 싶은 일을 무조건 막거나 하지 말라고 한다면 어떻겠니? 기분이 좋지 않겠지, 안 그러냐?"

"네, 아빠."

형이 대답했다. 그러자 아버지는 문을 닫고 나가셨다.

아버지가 나가자마자 형은 급히 방을 치웠다. 그리고 두 번 다시는 그러지 않았다.

우리는 부모님과 오랫동안 함께 살았지만 누군가 부모님께 무례하게 말대꾸하는 걸 본 적은 그때가 유일하다. 사실 여느 집들에 비하면 형이 순간적으로 저지른 이 말대꾸는 약한 편이다. 그래도 잘못은 잘못이지만 말이다.

아버지가 그 상황을 자애롭고 현명하게 처리하셨기 때문에, 형은 자신이 아버지 마음을 상하게 했다는 걸 깨달았다. 물론 지켜보던 나도 그랬다. 우리는 부모님을 너무나 사랑했기에 부모님 속을 썩이고 싶지 않았다.

우리가 집안의 규율을 지키지 않아 문제가 되었던 적은 무척 드물었다. 다른 집에 비해 규율이 엄격했던 것에 비하면 희한할 정도였다. 하지만 이제 그 이유를 알 것 같다. 부모님이 우리를 사랑하셨기 때문이다.

엄격한 규율보다 우리에게 중요했던 것은 부모님이 우리를 사랑하신다는 사실이었다. 우리는 사랑받고 있다는 걸 알고 있었다. 그에 대해서 이야기를 하거나 깊이 생각하지는 않았다. 하지만 우리 모두는 마음 깊은 곳에서 우리가 사랑받고 있다는 사실을 알고 있었다. 늘 부모님은 우리에게 당신들이 아는 최선을 가르치셨으며, 하나님이 가족을 만든 이유도 그 때문이라고 말씀하셨다.

자라면서 다른 집의 자녀 양육 방식이 우리 집과는 많이 다르다는 걸 알았다. 아이들이 원하는 한 맘껏 밖에서 놀게 하는 집도 많았다. 가끔은 우리도 그런 자유를 누리고 싶었다. 하지만 자주는 아니었다. 우리는 부모님의 교육 방식을 좋아했다. 어린 마음에 가끔은 반항하기도 했지만 부모님이 공명정대하셨기에 결국은 두 분 말씀이 옳다는 것을 알고 있었다.


우리 집은 대부분 어머니가 회초리를 드셨고, 아버지는 꾸중을 하시는 편이었다. 하지만 꾸중이 오히려 더 뜨끔했다.

아버지는 종종 이렇게 말씀하셨다.

"그렇게 말한 이유를 설명해봐라."

또는 이렇게 말씀하시기도 했다.

"내가 지금 회초리를 들면 안 되는 이유를 두 가지만 대봐라."

하지만 회초리보다 훨씬 가슴 아픈 일은 우리가 아버지를 실망시켰다는 사실을 깨닫는 것이었다. 우리는 죄송한 마음에 아버지를 바라보고만 있기 일쑤였다. 하지만 아버지는 두 가지 이유를 대지 않는 한 우리를 보내주지 않으실 태세였다.

그다음 질문은 이랬다.

"네 생각에 몇 대나 맞아야 할 것 같니?"

우리한테 먼저 물어보셨지만, 항상 우리 생각만큼 때리신 것은 아니었다. 아버지는 아버지 나름의 기준을 갖고 계셨다. 누구든 벌을 받기 전에 질문을 할 수 있었다.

"단, 말대꾸는 안 된다."

어머니의 말씀이다. 두 분 모두 우리가 벌을 받는 이유를 반드시 이해시키셨다. 그리고 매를 드신 후에는 항상 우리를 안아주셨다. 그 단순한 몸짓으로 어머니는 화가 나거나 절망해서 벌한 것이 아니라는 사실을 명확히 보여주셨다.

어머니는 그저 우리의 잘못과 그 결과가 어떤 것인지를 보여주려고 한 것이다. 하지만 벌은 항상 "엄마는 너를 사랑한다"는 말로 마무리되었다.


아버지가 역정 내는 모습을 본 것은 내 평생에 단 한 번 마이클 때문이었다. 나는 상당히 솔직하고 거리낌 없는 성격이었지만 어릴 적 마이클은 말버릇이 통제되지 않는 아이였다.

하루는 마이클이 안달하며 불평을 늘어놓은 적이 있었다. 아버지는 "조용히 해라" 하고 주의를 주셨다. 그래도 마이클은 아랑곳하지 않고 계속했다.

다시 한 번 아버지께서 "얘야, 조용히 좀 해라" 하고 말씀하셨다. 하지만 마이클은 여전히 멈추지 않았다. 그러자 아버지가 이내 소리를 지르셨다.

"마이클, 조용히 하지 못해? 아빠가 당장 매를 들 거다!"

아버지는 여태껏 이토록 화를 낸 적이 없으셨다. 당연히 마이클은 입을 다물었다.

당시는 체벌이 흔한 때였다. 우리 부모님 세대는 아마 체벌의 필요성에 대해 의문조차 품지 않았을 것이다. 그렇다고 부모님이 우리를 세게 때리신 것은 아니다. 무엇보다도 부모님은 우리의 몸이 아니라 정신의 자만을 나무라셨다. 부모님의 규율과 체벌은 우리 집안에서는 충분히 효과적이었다.

누구나 체벌은 폭력을 낳는다는 전문가들의 주장을 들었을 것이다. 일부 가정에서는 그 말이 맞을지도 모른다. 하지만 우리 집은 달랐다. 당신의 교육 방식을 비난하는 사람들에게 어머니가 하셨던 말을 지금도 기억하고 있다.

"저는 제 아이들 모두를 체벌하면서 키웠지만, 누구도 감옥에 가지 않았고, 법을 어겨 문제를 일으키지도 않았습니다."

어머니는 우리를 이유 없이 때리지는 않으셨다. 화가 나서 분풀이로 때린 적도 없다. 어머니는 체벌이 끝나면 나를 품에 안으시고 내 턱을 가볍게 어루만지면서 "엄마가 왜 그랬는지 이제 알겠니?" 하고 묻곤 하셨다. 물론 나는 항상 그 이유를 알았다.

우리 집에서 체벌을 가장 많이 받은 건 두말할 것 없이 쌍둥이였는데, 사실 그럴 만했다.

프레드 형과 메이블은 제일 적게 맞았다. 두 사람은 아버지를 가장 많이 닮아서 차분하고 사려 깊었다. 때문에 무턱대고 반응하기 전에 상황을 먼저 분석할 줄 알았다.

나는 아무 생각 없이 잘못을 저지르고는 벌도 달게 받는 아이였다. 그리고 어머니가 매를 드시면 반항심에 울지 않고 버티는 식이었다. 그러다가 도저히 안 되겠다 싶으면 전략적으로 울음을 터트리곤 했다.

일찌감치 나는 어머니가 두 번 때릴 때까지 가만히 있다가 아파 죽겠다는 듯이 소리를 지르면 매질을 멈춘다는 걸 간파하고 있었다. 그리고 울지 않으면 어머니가 더 오래 체벌하신다는 것도 알았다. 내가 울지 않으면 어머니는 나에게 상황을 충분히 이해시키지 못했다고 생각하셨다.

나는 무척 고집 센 아이이기도 했다. 가끔은 고집스러운 기 싸움 때문에 매를 벌기도 했는데, 나를 울릴 테면 울려보라고 대드는 식이었다. 하지만 그런 오기는 금세 무너졌다. 어머니가 서너 대만 때리면 금방 백기를 들게 되었으니까.

나중에 어머니는 당신이 어렸을 때 꼭 나 같았다고 말씀하셨다. 절대로 울지 않다가 매질을 피하기 위해서만 울음을 터트리셨단다. 그러니까 내 버릇은 최고수로부터 전수받은 셈이다.

좀체 문제를 일으키지 않는 프레드 형은 맞을 때 우는 법이 없었다. 형이 나처럼 반항심에 울지 않은 것은 아니었다. 자신이 맞는 데에는 모두 그럴 만한 이유가 있다고 생각하는 것 같았다. 그리고 어머니는 시인과 반항의 차이를 알고 계셨다.

체벌은 과격하지 않았다. 어머니는 침실에서 신는 부드러운 슬리퍼나 주걱 등으로 우리를 혼내셨다. 그런데도 데보라는 매를 맞기도 전에 울음을 터트리기 일쑤였다. 워낙 울면서 소리를 치는지라 어머니는 데보라를 자주 때릴 수도 없었다.

나는 어머니를 많이 닮았다. 특히 말이 많고 외향적인 면이 그랬다. 나는 생각을 겉으로 표현하는 편인데, 때로는 성급하게 무작정 내뱉기도 한다. 그래서 나중에 내가 했던 무례한 말을 사과해야 할 때도 있다.

병원을 운영하는 요즘도 누군가 잘못을 하면 나는 곧장 소리부터 친다. 예를 들어 연구원이 특정 연구 보고서를 약속한 시간에 돌려주지 않았다고 치자. 그러면 나는 "저 사람은 일을 제대로 하지 않는군" 하고 결론 내버린다. 게다가 약간 짜증 섞인 말투로 그 말을 상대에게 던진다. 이런 까닭에 나중에 늦은 이유를 알고서야 후회하는 경우가 종종 있었다.

내가 병원에서 화를 내는 주된 이유는 환자가 적절한 보살핌을 받지 못한다고 생각되는 경우다. 나는 환자에 관해서는 매우 꼼꼼한 편이다. 하지만 모든 사람이 그런 것은 아니다. 때로 병원 직원들은 자신의 사견이나 불편을 이유로 도움이 필요한 환자를 무시하는 경우가 있다. 그런 경우는 나는 아주 단호하게 말한다.

"그러면 안 됩니다. 이 분은 환자예요. 우리는 환자를 돌보기 위해서 있는 겁니다."

하지만 나중에라도 내가 잘못했다는 것을 알면 언제든 먼저 사과를 한다.

"미안합니다. 그땐 그렇게 오해해서 그랬습니다."

나는 가정 교육을 통해 사과의 중요성을 배웠다. 어머니는 종종 이렇게 말씀하셨다.

"실수를 하면 남자답게 인정해라. 그리고 사과해라. 안으로만 끙끙대지 말고."

어머니는 사과를 하는 데서도 모범을 보이셨다. 지금 어머니는 일흔이 되셨다. 하지만 나이 때문에 어머니의 원칙들이 변하거나 약해지지는 않았다. 어머니는 지금도 자신이 잘못했다는 것을 알면 가능한 빨리 상황을 바로잡으려고 노력하신다.


독일에 살 때의 일이다.

자기 아들이 이웃들에게 욕하고 소리 지르는 것을 내버려두는 어떤 아주머니가 있었다. 어느 날 우리 어머니가 보는 앞에서 그 아이가 자기 집 가정부에게 소리를 질렀다.

"멍청하고 못생긴 것 같으니!"

"아이가 저렇게 말하게 두면 안 됩니다."

그 모습에 어머니가 아이 어머니에게 말씀하셨다.

"어때요. 기껏해야 가정부인데요, 뭘."

"저 분은 성인입니다. 인격을 가진 사람이에요."

"커서 철이 들면 그러지 않겠지요."

"절대 그렇지 않습니다. 머지않아 아이는 당신에게도 그렇게 말할 겁니다."

그러자 옆집 아주머니가 어머니 말씀에 기분이 나빠졌는지 휙 하고 가버렸다.

그로부터 1주일이 채 안 되어 나와 어머니는 기지에 있는 매점에 갔다. 바로 그때 그 아주머니와 아들이 들어왔다. 아이가 뭔가를 사고 싶다고 떼쓰는 것을 아주머니가 안 된다고 말리고 있었다.

"엄만 못됐어! 못생긴 바보야!"

아이가 소리쳤다. 아주머니는 화를 내며 아이를 붙잡고 볼기를 세게 때리기 시작했다. 어머니가 아주머니에게 다가가서 거침없이 말씀하셨다.

"왜 아이만 이렇게 몰아세우세요? 전에 당신은 아이가 가정부에게 그렇게 말하는 걸 내버려두지 않았나요? 가정부는 다 큰 성인이었는데 말이에요. 아이가 다른 사람에게 막되게 굴도록 두면서 엄마를 존중할 거라고 생각해서는 안 됩니다."

말을 마치신 어머니가 내 손을 잡았고 우리는 매점을 나왔다.

그 뒷이야기는 모르겠다. 하지만 그 뒤로 그 아이가 누군가에게 욕했다는 소리는 듣지를 못했다.

사소한 것 같겠지만 집 안에서 우리 형제들이 들어갈 수 없는 곳은 없었다. 우리는 원하면 어느 방이든지 들어가서 놀 수 있었다. 하지만 우리가 해서는 안 되는 몇 가지가 있었다. 침대나 의자, 탁자 위로 올라가서 노는 것은 안 됐다. 하지만 규칙이 있다고 해서 아이들이 다 지키는 것은 아니다.

"래리, 의자는 앉으라고 있는 거다."

아버지가 주의를 주셨다.

"식탁은 음식을 먹는 곳이야. 침대는 누워서 자는 곳이고."

나도 그런 이야기를 들은 적이 있다.

이모들은 어머니가 우리를 너무 엄격하게 기른다며 항상 잔소리를 하셨다. 한번은 이모 한 분이 이렇게 말씀하셨다.

"애들이 어른이 되면 아마 집에 오기 싫어할 거다. 네가 너무 엄격하니까."

그러자 어머니가 대답하셨다.

"그럴지도 모르지. 하지만 아이들이 나를 떠나기 전에 내가 가르친 모든 것을 내동댕이치진 않을 거야. 어떻게든 내 가르침이 아이들한테 남아 도움이 될 거라고 믿어."

하지만 주변 사람들이 늘 반대만 했던 것은 아니다. 부모님의 교육 방식을 보고 감탄하는 사람들도 있었다.

고모가 어느 날 저녁 우리 집을 방문하셨을 때였다. 우리 형제들은 모두 공부를 하고 있었다. 집 안은 온통 쥐죽은 듯 고요했고, 들리는 소리라곤 책장 넘기는 소리와 의자가 가끔씩 삐걱거리는 소리뿐이었다.

"공부가 절로 하고 싶어지는 집이네요."

고모가 어머니에게 속삭이셨다. 고모는 우리 중 누군가 공부하다

문제가 생기면, 손위 형제나 자매가 도와주는 모습도 보였다.

"아이들이 함께 공부하면서 서로서로 도와주는군요. 정말 보기 좋네요. 훌륭해요."

곁눈질로 보니 어머니가 빙그레 미소 짓고 계셨다.


추수 감사절은 우리에게 특별한 날이었다. 해마다 아버지는 우리 모두를 데리고 기지로 가서 식사를 사주셨다. 온 가족이 테이블 하나에 둘러앉았다. 우리는 어린 나이였지만 가장 예의 바르게 행동하는 아이들이었다. 그런 사실은 자부심을 갖게 했다.

우리 형제들은 다른 아이들처럼 식당에서 울지도 소리치지도 않았다. 우리에게는 추수 감사절 식사도 우리 집에서 식사를 하는 것과 다를 바 없었다. 다만 음식의 종류가 더 많을 뿐이었다.

이를 본 기지장의 부인이 우리 테이블에 들러 부모님께 물었다.

"도대체 어떻게 아이들이 이렇게 얌전히 앉아 있는 거죠? 우리 아이들 같으면 벌써 여기를 온통 휘젓고 다녔을 거예요. 그래서 아예 집에 두고 오기로 했지요."

그 말에 어머니는 문제는 부인한테 있는 것이지 아이들한테 있는 게 아니라는 말씀을 하고 싶은 눈치셨다. 하지만 내색하지는 않으셨다. 그저 웃으시며 그렇게 말해줘서 감사하다는 인사말과 함께 "네. 애들이 워낙 착해서요. 정말 착한 아이들이랍니다" 하고 말씀하셨을 뿐이다.

우리가 운전을 할 수 있는 연령이 되자 나름의 제한이 필요했다.

어머니는 뭐는 되고 뭐는 안 된다는 식으로 규칙을 늘어놓진 않으셨다. 대신 "열여덟 살이 되기 전에 속도위반 딱지를 떼면 면허증을 압수하겠다. 다시는 돌려주지 않을 거야"라고 짧게 말씀하셨다.

어머니는 후에 사람들에게 이렇게 설명하셨다.

"정말로 면허증을 압수할 생각이었지요. 아이들도 제가 진심이란 걸 알고 있었고요. 하지만 아이들 중에 열여덟 살이 되기 전에 속도위반 딱지를 뗀 아이는 없었습니다."

어머니에게 자식과 관련된 가장 소중한 기억 중에 하나는 맏이인 프레드 형이 대학에서 첫 학기를 마치고 집으로 돌아왔을 때였다.

"엄마, 엄마가 저를 가르치고 길러주신 방식에 대해 진심으로 감사드려요."

형은 이렇게 말하며 어머니를 껴안았다.

"대학에 가서 많은 친구들을 봤어요. 어떤 아이들은 수업의 반을 빠지고 방탕한 파티에 다녀요. 도대체 왜 그럴까 싶었죠."

어머니와 잠시 이야기를 나누더니 형이 덧붙였다.

"제 생각에는 집에서 제대로 된 훈육을 받지 못해서 그렇게 방탕하게 지내는 것 같아요."

마이클은 교회에서 들었다며 이런 이야기를 들려주었다. 어떤 여자 분이 교회에 와서 '까다로운 엄마'에 대한 이야기를 시작했다.

"여러분 중에 '까다로운 엄마' 밑에서 자란 사람이 얼마나 있을까요? 친구들 모두 뭔가를 하고 어딘가를 가는데 유독 여러분만 못하게 하는 엄마 말입니다."

마이클은 속으로 웃으면서 생각했다.

'완전히 우리 엄마 얘기로군.'

"설거지 같은 일을 시켰던 엄마는 또 얼마나 많나요? 일을 제대로 못하면 처음부터 다시 하라면서 야단도 쳤죠?"

내 생각에도 분명 우리 어머니 얘기처럼 느껴졌다. 여자 분은 몇 분 동안 구체적인 예를 들어가며 '까다로운 엄마'에 대한 이야기를 한 뒤에 물었다.

"그런 엄마를 가진 사람은 손들어 보세요."

많은 아이들이 손을 들었다.

"그럼 여러분 중에 지금 성공한 사람은?"

처음 손을 들었던 아이들이 대부분 다시 손을 들었다.

"그게 바로 여러분이 성공할 수 있었던 이유랍니다. 까다로운 엄마를 만난 것 말이죠. 그런 엄마가 여러분에게 자제력을 가르치고 공부를 잘하고 일을 잘하는 법을 가르쳤기 때문입니다. 그래서 오늘날 여러분이 성공한 것이지요."

강연이 끝나자마자 마이클은 어머니에게 전화를 해서 말했다.

"까다로운 엄마가 되어주셔서 정말 감사해요."

우리 집에서는 벌을 받는 것도 나름의 역할이 있었고 효과가 있었다. 가정에서의 상호 존중은 삶의 성공 비법이었다.

# Chapter

# 08

신의와
공정

# 원칙을 지키는 것이
# 결국 이롭다는 것을
# 알게 하라

"사람들에게 인정받으려고
원칙을 버리거나 타협할 필요는 없다.
오히려 타협하지 않았기 때문에 인정받는 거란다."

집에서 정직이라는 말을 따로 들어본 적은 없다. 하지만 부모님이 우리에게 가르치신 대부분은 정직에 초점을 맞추고 있었다. 예를 들어 부모님은 우리에게 늘 진실해야 한다고 강조하셨다. 우리는 어떤 잘못을 했을 때보다 거짓말을 했을 때 가장 무서운 벌을 받았다.

어머니가 워낙 정직하셨기 때문인지 우리 형제자매들은 거짓말을 한 적이 거의 없다. 사실 어머니는 좀 과하다 싶게 정직하셨다. 모두들 내가 어머니를 가장 많이 닮았다고 하는데 그래서인지 그런 어머니의 생각을 누구보다 잘 안다. 나 역시도 그랬으니 말이다. 어머니처럼 너무 솔직하다 보니 남한테 무례를 범하는 경우도 가끔 있다. 그래서 나중에 찾아가서 순간의 무례를 사과했던 적도 있었다.

언젠가 거짓말에 대한 이야기를 나누다가 프레드 형이 이런 말을 했다.

"나는 거짓말을 할 줄 몰라. 거짓말을 하려고 하면 얼굴에 금방 드러나고 말지."

이 말은 우리 형제 모두에게 적용됐다.

"잘못을 숨기는 것보다는 차라리 고백하고 잘못에 대한 대가를 치르는 편이 낫다. 결코 잊어본 적이 없는 가르침이었어."

이것은 루스가 한 말이다.

아버지는 "말은 계약서와 같단다"라고 말씀하시곤 했다.

"누군가에게 값을 치르겠다고 했으면 값을 치러야 한다. 그러지 않으면 거짓말을 하는 셈이야. 만약 약속을 지키기 힘들면 약속한 사람에게 가서 이유를 알려줘야 한단다."


한번은 프리다가 과제물을 제출하지 않자 선생님이 가정 통신문을 들려서 보냈다. 프리다는 당황스럽고 창피해서 말하지 않고 어머니의 서명을 멋대로 위조했다. 나중에 어머니가 학교에 가셨을 때 선생님이 그런 통신문을 보내게 되어 유감이었다는 이야기를 꺼내셨다.

"어떤 통신문이었는데요?"

어머니가 선생님께 물으셨다.

설명을 들은 뒤 어머니는 프리다를 대신해 선생님께 사과하셨다.

"아이가 직접 서명을 한 모양입니다. 하지만 그걸로 혼내지는 말아주세요. 제가 알아서 하겠습니다. 그리고 다시는 그런 일 없을 겁니다. 과제물을 제출하지 않는 일도 없을 거고요."

그날 저녁, 프리다는 거짓말과 속임수에 대한 장황한 훈계를 들어야 했다.

이 이야기는 그저 기억에 의지해서 하는 말이 아니다. 증거도 있다. 형제들 중 한 사람이 실제로 어머니가 프리다와 이야기하는 장면을 녹음했다.

"엄마는 우리 집에 사기꾼을 키우지 않았다. 거짓말쟁이도 마찬가지고. 누구도 거짓말쟁이가 되어서는 안 된다."

그러고는 프리다를 때리셨다. 상처가 날 정도로 많이 맞지도 않았는데 프리다는 울부짖었다.

바로 그때 초인종이 울렸다. 쌍둥이 중 하나가 창밖을 내다보고는 제복을 입은 보안관 대리가 밖에 있는 것을 확인했다.

"엄마, 보안관이 엄마를 체포하러 왔어요. 프리다를 때려서 왔나 봐요!"

"누가 왔건 엄마는 상관없다. 거짓말을 하면 나중엔 도둑질을 하게 될 거다. 나는 그런 행동을 용납할 수 없어."

나중에 알고 보니 보안관 대리는 배심원 소집장을 전달하는 중이었는데 집을 잘못 찾아온 것이었다. 우리는 모두 웃음을 터뜨렸지만 그 일을 통해 중요한 것을 배웠다. 어머니가 옳다고 믿는 일은 누구도 말릴 수 없다는 사실이었다. 다른 사람의 시선보다는 자신의 신념을 지키는 것이 어머니에게는 훨씬 중요했다.

부모님은 집에서와 마찬가지로 밖에 나가서도 똑같이 행동해야 한다고 강조하셨다. 물론 우리는 그게 무슨 말인지 잘 알고 있었다.

"발각되지 않을 거라고 생각할 수도 있다만 밖에서도 누군가가 항상 너희를 지켜보고 있단다. 너희는 아빠 엄마의 자식이야. 사람들의 본보기가 되어야 해. 너희가 할 수 있다면 다른 사람들도 할 수 있단다. 그러면 사람들은 너희를 보고 배울 게다."

메이벌은 이 가르침이 참 인상 깊었다고 말한다.

현재 메이벌은 육군 기지에서 아동발달 교육 전문가로 일하고 있다. 다른 직원들은 메이벌을 특별히 신뢰하는데, 메이벌이 진실하다고 믿기 때문이다.

메이벌은 "당신은 정말 달라요"라는 평을 자주 들었다. 직원들이 개인적인 비밀을 털어놓으면 메이벌은 소문내는 법이 없었다. 사람들은 메이벌이 생활하고 일하는 방식을 통해 메이벌의 성실함과 정직함을 확인했다. 그 때문에 많은 동료들이 메이벌을 찾아와 속내를 터놓고 상담을 했고, 메이벌은 그만큼 많은 이야기를 보고 들을 수 있었다.

어머니만 그런 가르침을 강조하신 건 아니다. 아버지는 아이들이 어릴 때부터 부모의 기대치를 알면 자라서 올바른 결정을 내린다고 믿으셨다.

"모든 선택에는 결과가 따른단다."

아버지는 종종 말씀하셨다. 잘못된 결론을 내렸을 때, 보통은 그 결과를 알 수 있었다. 그리고 다시는 그러지 않겠노라고 다짐했다.

우리가 10대가 되었을 때의 일이다.

늦은 저녁 무렵, 프레드 형과 나는 친구들과 어울려 쇼핑몰에 가서 놀 작정이었다. 다들 같은 학교에 다니는 아이들이었다. 아이들이 먼저 같이 놀자고 해서 나름 우쭐한 기분도 있었던 것 같다.

"얘들아, 밤 늦게 어디 가니?"

우리가 현관문을 열고 집을 나서려 하자 어머니가 물으셨다.

"쇼핑몰에요."

프레드 형이 대답했다.

"친구들을 만나기로 했거든요."

내가 덧붙였다.

"살 게 있다면 가도 된다만 그냥 놀러 가는 거라면 가지 마라."

어머니는 그렇게 말씀하시고는 우리를 가만히 쳐다보셨다. 우린 둘 다 고개를 숙였다.

"하지만 엄마……."

"아무도 너희를 보호하거나 신경 쓰지 않는 곳이잖니. 그러다 보면 꼭 문제가 생기기 마련이야."

"금방 돌아올게요."

내가 기운 없는 목소리로 말했다. 이미 가망성이 없는 싸움이라는 걸 알고 있었다. 예상대로 어머니가 머리를 가로저으셨다.

"안 돼! 우리 집 아이는 그래선 안 된다."

결국 우리는 밖으로 나서지 못했다. 잠시 동안 나는 깊은 실망감에 빠졌다. 우리는 왜 다른 아이들처럼 하면 안 되는 것인지, 왜 하고 싶은 대로 하면 안 되는 것인지 궁금했다.

하지만 어쨌든 어머니 말씀이 맞았다. 아이들끼리 밤 늦게까지 쇼핑몰에서 노는 일은 옳은 일이 아니었다. 사실 같이 가기로 한 친구들 중 일부는 전부터 사소한 문제들을 일으킨 적도 있었다.

언젠가 어머니가 말씀하셨다.

"사소한 문제일지라도 바로잡지 않으면 점점 커지게 마련이야."

어머니 말씀이 옳았다. 불과 몇 분만 생각해도 어머니의 말씀이 맞는다는 것을 알 수 있었다. 가끔 프레드 형은 데보라에게 "너도 알아야 한다. 아버지 어머니의 자식이 되는 건 쉬운 일이 아니거든" 하고 말했다. 지금도 그 말을 떠올리면 얼굴에 절로 미소가 지어진다. 그러면 데보라는 웃으면서 대답했다.

"나도 알아. 우리 부모님은 기대치가 높은 분들이시잖아."

최근에 데보라는 부모님에 대해 이렇게 말했다.

"부모님은 당신들이 정한 높은 기준에 맞추라고 우리한테 강제로 명령하거나 무작정 밀어붙이지 않으셨어. 다만 우리를 깊이 사랑하셨고, 스스로 높은 기준에 맞춰서 사셨지. 부모님이 우리를 깊이 사랑하셨기에 당연히 우리도 부모님을 기쁘게 해드리고 싶었던 거야. 그래서 자연스럽게 부모님의 기준을 받아들이게 된 거지."


앞서도 언급했지만 모든 사람이 우리 집의 생활 방식을 이해하고 찬성하지는 않았다. 한번은 어머니 친구 분이 오셔서 몇 시간 동안 머문 적이 있었다. 그분은 우리에게 어떤 모임에 참석하라고 권하셨는데 우리는 상의 끝에 가지 않기로 했다. 우리가 가기에는 부적절한 모임이라는 생각에서였다. 그러자 그분은 우리를 가만히 지켜보시더니 이렇게 말씀하셨다.

"너희들이 남보다 잘났다고 생각해서 참석하지 않는 거구나?"

그 말에 어머니는 경악하시더니 이렇게 말씀하셨다.

"아니야. 절대 그렇지 않아. 아이들이 안 가겠다고 한 건 맞아. 왜 그런지 아니? 내가 관리 감독이 되지 않는 그런 파티에는 가지 말라고 가르쳤기 때문이야. 물론 아이들이 가겠다고 하면 나는 말리지 않았을 거야. 나는 평소 애들한테 옳은 일을 하라고 가르쳤고, 아이들은 이제 스스로 결정할 만큼 자랐어. 그러니까 선택은 아이들의 몫이지."

"그러니까 애들이……."

"있잖아, 난 말이지. 우리 가족이 중요한 원칙을 지키면서 살기를 바라. 다른 사람들이 우리 가족을 어떻게 생각하든 상관없어. 아이들이 옳은 일을 선택하고 실천하기만 하면 말이야. 모든 사람이 우리를 이해하지는 못하겠지. 나는 아이들에게 자기 명예와 집안의 이름에 먹칠을 할 그런 행동을 하면 안 된다고 가르쳤어."

어머니의 말씀을 들은 친구 분이 그래도 우리가 잘난 체한다고 생각하셨는지 어떤지는 모르겠다. 하지만 확실한 건 우리가 남보다 잘났다고 생각해서 거절한 것은 절대 아니었다. 다만 부모님을 따르고 교회에서 배운 가르침을 따랐을 뿐이었다.

지금까지 이야기했다시피 우리 형제자매들이 모두 성품이 온순하고 매사에 순종하는 그런 아이들은 아니었다. 특히 쌍둥이는 정말 다루기 힘든 아이들이었고, 항상 뭔가에 탐닉하는 버릇이 있었다.

한번은 이런 일이 있었다. 매일 아침 쌍둥이는 우리 식구들과 식사를 하고는 한 시간 뒤에 옆집으로 갔다.

"너무 배고파요."

마이클이 말했다.

"먹을 걸 좀 주세요."

미첼이 덧붙였다. 이웃 아주머니는 아이들에게 먹을 것을 주셨고, 쌍둥이의 그런 행동은 며칠간 계속되었다. 그러다 결국 옆집 아주머니가 우리 집에 찾아오셨다. 아마 엉뚱한 아이들에게 밥을 먹이는 데 지치셨던 모양이다.

"아니, 왜 쌍둥이한테 아침을 안 주시는 거예요?"

"그럴 리가요. 저는 아이들을 굶긴 적이 없어요."

"하지만 아이들을 봐서는 그렇지가 않던데요. 매일 저희 집으로 와서 엄마가 밥을 안 준다고 한다고요."

그날이 쌍둥이가 밖에서 밥을 얻어먹은 마지막 날이었다.

또 이런 일도 있었다. 쌍둥이가 다섯 살쯤 되었을 때의 일이다. 하루는 옆집에 사는 프랜시스 아주머니가 쌍둥이에게 돈을 주고 가게에 가서 빵을 좀 사오라고 부탁하셨다. 항상 뭔가를 꾸미고 부추기는 편인 마이클이 돌아오는 길에 미첼에게 제안했다.

"우리 아주머니를 속이자. 아주머니한테 빵집 주인이 거스름돈을 이것밖에 주지 않았다고 하는 거야."

거스름돈은 총 60센트로 25센트짜리 두 개에 10센트짜리 하나였다. 쌍둥이는 25센트를 갖기로 했다. 그러고는 아주머니에게 35센트를 주었다. 집에 돌아오면서 마이클이 말했다.

"엄마한테는 동전을 주웠다고 하자."

이윽고 집에 돌아온 마이클이 어머니에게 손을 내밀며 말했다.

"엄마, 이것 좀 보세요. 저희가 25센트 동전을 주웠어요."

"혹시 누가 떨어뜨리는 걸 봤니?"

"아니에요. 그냥 동전만 봤어요."

어머니의 물음에 마이클이 말했다.

이틀 뒤 프랜시스 아주머니가 어머니에게 물었다.

"혹시 애들이 제 돈으로 뭘 했다던가요? 거스름돈이 25센트가 부족하던데."

"이런, 그 녀석들이 저한테는 주웠다고 했는데 돈을 훔친 거였네요. 정말 죄송합니다. 하지만 걱정 마세요. 애들이 돈을 돌려드릴 겁니다. 그리고 그 일에 대해서는 제가 따끔하게 야단을 치겠습니다. 반드시요."

거짓말과 도둑질을 한 쌍둥이는 어느 때보다도 따끔한 훈계와 심한 매를 맞았다. 이어서 어머니가 덧붙이셨다.

"돈을 발견했을 때는 주변에 있는 사람들에게 먼저 물어봐라."

마이클이 "네, 엄마. 약속할게요" 하고 대답했다.

이 일이 있은 지 2주가 흘렀다. 쌍둥이는 어느 집에 갔다가 바닥에 떨어진 10센트 동전을 보았다. 아이들은 집으로 달려왔다.

"이것 보세요, 엄마. 브리븐 아주머니 집에서 10센트 동전을 주웠어요."

"그걸 가져오면 안 된다. 그건 너희 돈이 아니야."

"하지만 돈을 떨어뜨린 사람을 찾지 못했어요."

마이클이 항변했다.

"그 돈은 아주머니 집에 있던 것이다. 그러니 아주머니의 돈이야. 다음번에 돈을 발견하거든 누구의 것인지를 먼저 생각하도록 하렴. 그렇지 않으면 도둑질이 된단다."

이번에도 어머니는 쌍둥이를 타이르시고, 돌려보내 사과하게 하셨다.

쌍둥이뿐만 아니라 우리 모두는 이 가르침을 명확하게 배우고 실천했다. 몇 년 전의 일이다. 식료품점에 들렀다가 집으로 갔는데 봉지 안에 내가 사지 않은 물건이 들어 있었다. 점원이 실수로 내 봉지에 넣었던 모양이다. 하는 수 없이 물건을 돌려주려고 가게로 가니 점원과 매니저 둘 다 당황했다. 매니저가 말했다.

"저희 실수입니다. 도로 가져가시지요."

그러면서 그는 내게 사과했다.

"아닙니다. 그럴 수는 없지요. 제가 돈을 지불한 것이 아니니까요. 그러니 제 것이 아닙니다."

나는 그들더러 알아서 하라고 하고 가게를 나왔다.

어머니는 늘 거짓말을 하면 나중에는 도둑질을 하게 되고, 거짓말과 도둑질은 똑같다고 가르치셨다. 또한 우리에게 일관성과 평판의 중요성을 강조하셨다.

"우리가 너희를 지켜보지 않을 때도 하나님은 항상 너희를 보고 계신다. 다른 사람이 네 행동을 알게 되면 그 평판은 영원히 너를 따라다닌단다."

이렇듯 우리는 항상 정직해야 한다고 배웠다.

어린 시절부터 우리는 부모님이 가르쳐주신 선택의 원칙을 유념하고 그에 따라 생활했다. 또한 스스로 내린 결론의 결과를 항상 생각해야 한다는 것도 알고 있었다.

우리 형제들은 모두 부모님이 왜 우리에게 특정 활동을 금하셨는지 이유를 알고 있었던 것 같다. 벌을 받을 만큼 나쁜 활동이라서 그런 것은 아니다. 그보다 우리는 활동의 결과를 고려하는 법을 배웠다. 때문에 우리는 "이걸 하면 향후 어떻게 될 것인가?" 하고 항상 자문했다.

주변에서는 항상 부모님의 양육 방법에 대해 이러쿵저러쿵 말들이 많았다. 개중에는 자신의 아이조차 예의 바르게 키우지 못한 사람들도 있었다. 주변에서 뭐라고 하든 부모님은 우리를 제대로 가르치고 있다고 확신하셨다. 어머니는 주변 사람들과 논쟁을 벌이시지 않았다. 다만 스스로 옳다고 생각하는 바를 실행할 뿐이셨다.

한때 10대들 사이에 나팔바지와 챙 넓은 모자, 괴상한 신발이 유행하던 적이 있다. 하지만 우리들 중 그렇게 입은 형제는 아무도 없었다. 무리의 일부로 인정받고 싶어 상황과 타협해서는 안 된다는 원칙에 따른 것이었다. 무조건 다른 아이들의 옷을 따라 입는 것도 결국은 그런 맥락이기 때문이다.

"스스로 자신이 어떤 사람인가를 알고 자신감을 가지면 어떤 옷을 입었느냐는 중요하지 않다. 옷이란 깔끔하면 되는 것이다."

하지만 우리의 생각과는 달리 이웃 사람은 우리 복장에 대해 여러 차례 잔소리를 해댔다.

"왜 아이들에게 아무 옷이나 입지 못하게 하는 거예요? 고집 좀 그만 부리시고 아이들한테 허락해주세요. 어떻게든 아이들은 입고 말 테니까요."

"아닙니다. 우리는 그런 말을 하지 않아요. 큰 아이들은 이미 일을 하고 있어요. 그러니 언제든 자기가 번 돈으로 원하는 옷을 사입을 수 있지요. 즉 알아서 선택하는 겁니다. 다만 저는 아이들에게 그런 유행을 좇으라고 부추기지는 않습니다."

모든 것은 명확해졌다. 반드시 유행을 따를 필요는 없다는 것이다. 사실 나도 다른 아이들처럼 입고 싶었던 적이 아예 없지는 않았다. 하지만 어머니의 말씀을 듣는 순간, 그런 욕심은 싹 사라져버렸다. 이는 아마도 우리 집안사람이 누리는 특권 중에 하나일 것이다. 우리는 부모님이 우리를 사랑하시고, 우리가 서로를 사랑한다는 것을 알고 있었다. 그러므로 남의 마음에 들기 위해 굳이 뭔가를 할 필요가 없었다.

미첼은 부모님이 의사 결정에 대해 가르치시면서, 특정 선택을 할 때 모든 상황을 고려하는 게 무엇보다 중요하다고 말씀하셨던 것을 기억하고 있다.

쌍둥이라서 그런지 마이클 형이 뭔가를 하면 나는 무턱대고 따라 하곤 했어. 설사 그것이 잘못된 거라도 말이야. 나중에 어머니나 아버지가 우리를 야단치실 때면 나한테 이유를 물으셨지.

"마이클 형이 그렇게 하니까요."

보통 내 대답은 그랬어.

"형이 바다에 뛰어들면 너도 뛰어들 거냐?"

어머니께서 나한테 그렇게 물으신 게 수백 번은 될 거야.

"아니요, 엄마."

결국은 잘못을 인정해야 했어.

어머니는 항상 이렇게 말씀하셨지.

"사람은 무턱대고 뭔가를 해서는 안 된다. 특히나 잘못된 일은. 다른 사람이 한다고 해서 따라 해서는 안 된다. 모든 상황을 충분히 고려한 뒤에 네 스스로 결정을 내려라."

그런 가르침은 쌍둥이의 행동 변화로 이어졌다. 마이클이 초등학교에 다니던 어느 날, 담임 선생님이 잠시 교실을 비우셨다. 선생님이 자리를 비우자마자 아이들은 소리를 지르고 이리저리 뛰어다니면서 소란을 피우기 시작했다. 단 한 사람, 마이클만 빼고.

그렇게 담임 선생님이 돌아오시지 않은 상황에서 교장 선생님이 교실 앞을 지나가셨다. 교장 선생님은 마이클 혼자 차분히 앉아 있는 것을 보시고는 우리 어머니에게 마이클이 무척 훌륭한 아이라고 칭찬하셨다.

"바로 그거란다. 사람들에게 인정받으려고 원칙을 버리거나 타협할 필요는 없다. 오히려 타협하지 않았기 때문에 인정받는 거란다."

어머니는 나머지 형제들에게 마이클이 인정받기 위해서가 아니라, 그것이 옳은 일이기 때문에 실천했을 뿐임을 강조하셨다.

나는 담배를 피워본 적이 없다. 우리 형제들 중 누구도 그런 사람은 없었다. 우리는 술도 마시지 않는다. 약물을 복용해본 사람도 없다. 우리 부모님도 담배나 술, 약물을 일절 하지 않으셨다. 그야말로 훌륭한 본보기가 아주 가까이에 있는 셈이었다.

부모님은 우리에게 어떤 것도 강요하신 적이 없었다. 물론 우리가 아주 어렸을 때야 정직해야 한다고 엄격하게 훈육하셨지만(특히 진실만을 말하고 도둑질을 하지 말라고) 일단 우리가 10대가 되었을 때는 스스로 선택하라고 가르치셨다. 그러니 우리 집에선 성장했다는 말이 스스로 선택할 수 있다는 뜻과 다름없었다. 말하자면 어떠한 결정이든 부모님의 기대와 바람에 근거하지 않아도 된다는 의미였다.

메이벌은 이와 관련해 이런 말을 한 적이 있다.

노스캐롤라이나 주 그린즈버러에서 대학에 다닐 때 한번은 나이트클럽에 가고 싶다는 생각이 들었어. 대부분의 학생들이 주말이면 놀러 가는 유명한 곳이었지. 그래서 수요일 저녁에 혼자 나이트클럽에 찾아갔어. 안으로 들어가서 잠시 내부를 둘러보았지. 음악 소리와 대화 소리가 들리고, 같이 공부하는 아이들의 모습도 보였어. 그런데 갑자기 밖으로 나가고 싶더군. 이건 나답지 않다는 생각이 들었어. 결국 몇 분 뒤에 밖으로 나와 버렸지. 내가 나이트클럽에 간 것은 그때뿐이었어.

나이트클럽이 아주 부도덕한 장소라고 생각해서 그런 건 아니야. 친구들이 거기 가는 걸 비난하지도 않았고. 다만 내가 그곳과 어울리지 않다고 생각했을 뿐이야.

이틀 뒤에 그 나이트클럽에서 싸움이 일어나서 몇 사람이 다쳤어. 거기 있다가 그런 상황을 당했다면 난감했을 거야. 정말 맞는 말이야. 모든 선택에는 분명히 결과가 있게 마련이야.

어머니가 나머지 형제들에게 말씀하셨다.

"훈육이란 규율을 세우고 규제를 하면서 제대로 지키는지를 지켜보는 것이란다. 원하는 걸 반드시 하게 하려고 채찍을 휘두르는 걸 의미하는 게 아니라 본받고 싶은 훌륭한 역할 모델이 되는 것을 의미하지. 그렇게 훈육하면 아이들이 부모를 떠나 자립한 뒤에도 가르친 내용을 잊지 않는단다. 가르친 내용이 아이들 내면에 스며들어 있으니까."

이 말은 사실이다. 집에서 우리가 배운 교훈들은 은연중 우리 행

동 속에 나타난다. 또한 다른 사람의 평을 통해서도 나타난다. 이것
은 형제자매들한테서 시작된 것이 아니라, 집에서 그리고 부모님에
게서 비롯되었다.

# Chapter
## 09

노력과
성실

# 어떤 일인지
# 따지기보다
# 있는 자리에서 더욱
# 노력하게 하라

"살면서 어떤 일을 하든지 최선을 다하렴.
건달이 되려면 최고의 건달이 되고,
의사가 되려거든 최고의 의사가 돼라."

삶을 준비하는 일환으로 어머니는 우리에게 집안일을 시키고 제대로 수행하고 있는지를 확인하셨다. 예컨대 어머니는 우리에게 그릇을 씻고 말리는 일을 가르치셨다. 접시 하나라도 빠뜨리면 어머니는 접시 전체를 개수대로 내놓고 일을 처음부터 다시 하게 하셨다. 처음 그런 일을 당했을 때 나는 화가 나서 말했다.

"하지만 깨끗해 보이는데요."

"래리, 너한테는 깨끗하게 보일지 모르겠다만 이 접시는 깨끗하지 않아."

설거지를 이미 반이나 넘게 끝냈기 때문에 나는 서둘러 마무리하고 싶었다. 하지만 어머니는 내게 귀중한 교훈을 가르치셨다. 맡은 일을 처음부터 잘한다면 다시 할 필요가 없다는 것이다.

이 외에도 어머니는 바닥에 물기가 남아 있거나 장식장을 닦지 않았거나 세탁을 엉성하게 하면 어김없이 처음부터 다시 하게 하셨다. 어머니는 우리가 무슨 일이든지 맡은 일을 훌륭하게 수행하기를 바라셨다. 때문에 우리 집에서는 자기 할 일을 책임지고 완벽하게 해내야 했다. 바깥일을 할 때도 예외는 아니었다. 낙엽을 긁어모으는 일이든 잔디를 깎는 일이든 제대로 완수해야 했다. 그렇지 않으면 제대로 될 때까지 계속해야 했다.

어머니는 매일 계획을 세우셨는데 이에 따라 우리 형제자매들에게는 각자 일거리가 주어졌다. 예를 들어 하루는 설거지를 하고, 다음 날은 빨래를 하는 식이었다. 욕실 청소, 식당 바닥 밀걸레질, 쓰레기 비우기, 부엌 조리대 닦기 등 일의 종류는 다양했다. 더 많은 일을 하는 사람도 없었고 자기 몫을 면하는 사람도 없었다.

데보라는 이 일에 대해 이렇게 말했다.


내가 기억하기로는 아침에 일어나자마자 침대를 정리해야 했어. 침대에서 내려오면 침대커버를 말아서 정리하라고 배웠어. 우린 끊임없이 이런 말을 들어야 했지.

"처음에 제대로 하면 다시 하지 않아도 된다."

다른 부모들도 같은 말을 하지. 하지만 일이 처음부터 제대로 되는지 꼼꼼하게 감독하지는 않아. 그러니까 늘 말뿐이고 발전이 없는 거야.

어머니는 침대커버에서 주름을 발견하시면 곧바로 벗겨내셨지. 우린 어머니가 됐다고 말할 때까지 그 일을 해야 했어. 한 침대를 서너 번 반복해서 정리하고 나면 일을 처음부터 훌륭하게 마무리하는 게 얼마나 중요한가를 깨닫게 되지. 요컨대 어머니는 맡은 일을 완수하는 데서 근면할 것과 완전할 것을 가르치신 셈이야.

어렸을 때 나는 어머니가 시킨 집안일을 마무리하는 게 유독 힘들었어. 어머니는 종종 이렇게 말씀하셨어.

"네가 어른이 되었을 때 엄마는 너희 집에 가고 싶지 않을 거다. 쥐와 바퀴벌레들이 온통 득시글거릴 테니까."

무슨 일을 해도 깨끗하고 말끔하게 끝내지를 못했던 모양이야. 하지만 어머니는 너그럽게 봐주질 않으셨어. 덕분에 나는 그런 일을 제대로 할 줄 알게 되었지.

지금 우리 집은 정말 깔끔하게 정리되어 있어. 어쩌면 형제들 중에 제일 깔끔할지도 몰라. 초기의 나를 생각하면 놀라운 일이지. 물건들이 어질러져 있는 것을 참지 못해. 계속해서 청소기를 돌리고 있을 정도라니까! 누군가 집 안 청결에 왜 그렇게 집착하느냐고 물었을 때 퍼뜩 어머니의 말이 떠오르더군. 우리 집에 오기 싫을 거라던 말 말이야. 나는 그런 일이 현실이 되기를 바라지 않았어. 어머니가 우리 집에 오셨으면 하거든.


우리 집에서는 '남자 일', '여자 일'이 따로 없었다. 누구나 설거지를 하고 요리를 배웠다.

"엄마는 너희 아들들한테도 요리를 가르칠 거다. 왜냐면 너희가 자라서 요리를 잘 못하는 여자랑 결혼할 수도 있으니까. 그러면 너희가 스스로 챙길 수 있어야겠지."

어머니의 논리였다. 아버지는 요리를 잘하셨는데 이것도 우리한테 영향을 미쳤을 것이다. '아버지도 전혀 개의치 않고 요리를 하는데 나라고 왜 못할쏘냐?' 하는 심정이랄까. 더러는 아버지가 저녁 식사를 준비하셨고 주말에는 아침 식사도 만드셨다. 아버지는 특히 자신만의 팬케이크를 만드는 걸 좋아하셨고 스스로 '아빠표 케이크'라고 부르셨다. 팬케이크는 지금 생각해도 정말 맛있었다.

어머니는 종종 이렇게 말씀하셨다.

"우리 집에서는 모두에게 어떤 일이든 배울 기회가 주어지지. 엄마 친구들 중에는 이런 방식에 동의하지 않는 사람도 있다만 엄마는 절대 바꾸지 않을 거란다."

어떤 이는 "아들한테는 설거지를 안 시킵니다"라고 말했다. 또는 "남자애한테 빨래는 안 시켜요. 그건 여자들 일이잖아요" 라고 말하는 사람도 있었다. 그러면 어머니는 반박하셨다.

"그렇지 않아요. 누구나 할 수 있고 모두가 해야 할 일입니다."

매일 하는 집안일을 사이좋게 하는 데 몇 가지 규칙이 있었다. 그중에 하나는 누구든지 어질러진 것을 발견하면 곧바로 정리해야 한다는 것이었다.

소아과 의사가 된 나는 가끔씩 아이들을 보러 병실에 들를 때가 있다. 기저귀를 갈아줘야 할 상황이면 내가 직접 한다. 이불을 덮지 않은 아기를 그대로 두고 나오는 의사도 있지만 나는 항상 담요를 덮어준다. 아기가 편안할 수 있도록 내가 할 수 있는 최선을 다한다.

수술 도중 뭔가를 떨어뜨리면 수술이 끝나고 나서 거의 본능적으로 물건을 줍는다. 한번은 간호사가 그러지 말라고 나를 말렸다.

"선생님은 의사이니까 그런 일은 신경 쓰지 마세요."

그러면 나는 이렇게 대답한다.

"어머니는 늘 이렇게 말씀하셨죠. '네가 어지럽혔으면 네가 치워라.' 우리 가족은 항상 그렇게 했답니다."

우리 가족은 사람들이 '천한 일'이라고 생각하는 것도 꺼리는 법이 없었다. 모든 일은 고결한 것이니까.


부모님은 엄한 규율로 우리를 키우셨지만, 우리 중 누구에게도 특정 직업을 가지라고 강요하지는 않으셨다. 우리가 어떤 일을 선택하든 그것은 중요하지 않았다. 다만 자신의 분야에서 최선을 다하느냐가 중요했다.

미첼은 이와 관련하여 아버지의 말씀을 떠올렸다.

"살면서 어떤 일을 하든지 최선을 다하렴. 건달이 되려면 최고의 건달이 되고, 의사가 되려거든 최고의 의사가 돼라. 무슨 일을 하든 완벽하게 하려고 노력하는 것이 중요하단다."

우리는 그런 태도를 가지고 자랐다.

프레드 형과 나는 고등학교 시절 여름이면 잔디를 깎았다. 대학 시절 여름 방학 때에는 잡역부로도 일했다. 식당에서 접시 닦기를 한 적도 있다.

하지만 우리 중에도 이런 원칙에 반항을 한 사람이 있었다. 지금까지 유일한 반항이었다. 어느 여름, 데보라가 육군 기지 안에 있는 식당에 고용되었을 때였다. 식사가 끝난 뒤 식당 담당 하사관이 데보라에게 말했다.

"양동이에 물을 담아 와서 바닥을 닦으세요."

그러자 데보라가 이의를 제기했다.

"전 바닥 청소 담당이 아닙니다."

하사관은 조금 짜증이 난다는 듯이 말했다.

"바닥을 닦든지 아니면 일을 그만두시오."

데보라는 대답했다.

"좋아요. 그렇다면 그만두겠습니다."

그날 저녁 함께 식사를 하는 자리에서 데보라가 낮에 있었던 일을 이야기했다. 데보라는 자기주장을 세운 것이 나름 자랑스러웠던 모양이다. 그러자 이야기를 들은 아버지가 차분하게 타이르셨다.

"얘야, 일을 할 수 있다는 건 영광이란다. 난 네가 무슨 일을 하느냐는 신경 쓰지 않아. 정직한 일이라면 네 위신에 안 맞는 일이란 없단다."

데보라는 자신이 얼마나 열심히 일했는지, 몇 시간 동안 서 있느라 얼마나 지쳤는지를 말하며 불만을 토로했다. 그러고는 식당 담당 하사관이 자신에게 말할 때 얼마나 야비했는지를 설명했다.

"게다가 밀걸레는 너무 크고 무거워서……."

"그건 문제가 안 된다. 너는 집에서도 바닥을 닦잖니. 그러니 내일 작은 밀걸레를 가지고 일터로 돌아가라."

아버지가 말허리를 자르며 단호하게 말씀하셨다. 데보라는 더 이상 억지를 부리진 않았지만 여전히 내키지 않는 눈치였다.

"거기 사람 중에 누가 너를 해치기라도 했니?"

"아니요."

"누가 너한테 뭘 훔쳐 오라고 시키던?"

"아니요."

"보수를 주지 않더냐?"

"아니요."

"그렇다면 정직한 일을 하고 있는 것 같구나. 돌아가서 걸레질을 못할 이유를 전혀 모르겠다. 안 그러니?"

다음 날 데보라는 담당 하사관에게 사과하고 다시 식당 일을 시작했다. 그리고 여름 방학이 끝날 때까지 계속했다.


일과 관련해서 우리 형제들이 나름의 시험을 받았던 적도 두어 번 있었다. 한 번은 프레드 형이었고, 또 한 번은 나였다.

프레드 형은 1976년 워싱턴 D.C.에 있는 하워드대학에서 치의학 박사로 치대 공부를 마쳤다. 그전에 A&T 주립대학에 다닐 때는 ROTC에 소속되어 있었다. 당시 ROTC에서 학비를 대주는 대신 2년 동안 육군에서 치과 의사로 복무해야 하는 의무도 있었다. 박사 과정을 마쳤으니 2년 동안 복무를 시작해야 할 시점이었다.

입대는 8월이었다. 우리 형제들이 늘 그랬듯이 형은 입대 전까지 할 한시적인 일자리를 찾아 나섰다. 수많은 곳을 두드렸지만 일자리를 얻지 못하다가 펩시콜라 공장에서 겨우 찾았다. 미첼이 그해 여름 방학에 일하고 있던 곳이기도 하다. 펩시콜라 회사는 형을 펩시병 수거 및 정리 담당자로 고용했다. 무슨 일인고 하니 유리병들을 모아 나무 상자에 넣어 운반하는 일이었다. 쥐꼬리만한 수고비에 육체적으로는 힘들기 짝이 없었다. 사실 배달부가 된다는 것은 결코 쉬운 일이 아니었다. 그 시절에는 모든 병이 유리로 되어 있어 깨지는 일도 잦았다. 형은 무거운 나무 상자를 드는 일을 배워야 했을 뿐더러 깨진 병을 들어내고 청소하는 일까지 해야 했다.

첫날 병을 모아 공장으로 돌아왔을 때 관리자가 형이 장갑을 낀 것을 보고 물었다.

"손이 찬 체질인가?"

"아닙니다."

형은 계속 나무 상자 내려놓으며 말했다.

"전 치과 의사입니다. 손이 무엇보다 중요하지요. 그래서 손에 신경을 쓰는 겁니다."

관리자가 웃음을 터뜨렸지만 형은 신경 쓰지 않았다. 형은 계속해서 37~38도를 오르내리는 무더위 속에서도 장갑을 끼고 다녔다. 공장으로 들어갔을 때 관리자와 마주치는 경우가 더러 있었는데 그럴 때면 늘 비웃음을 당했다.

"자네, 저 친구가 왜 저렇게 멋진 장갑을 끼고 있는지 아나?"

관리자는 주변 사람들에게 소리쳤다.

"치과 의사라서 그렇다는구먼. 그게 이유래!"

그러자 주변에 있던 사람도 덩달아 웃었다. 어쨌거나 겉보기에는 우습다는 인상을 주니까(나중에 이 관리자는 형이 운영하는 치과의 손님이 되었다).

"치과 의사 선생님께서 여기서 뭐하고 계신대?"

누군가가 놀림조로 물었다.

"돈 벌려고 일하고 있을 뿐입니다."

형이 말했다. 형은 말을 하면서도 일을 멈추지 않았다. 형은 속상해서 그 일을 말하긴 했지만, 결코 일 자체가 격에 맞지 않는다는 생각은 하지 않았다. 형은 오히려 내게 이렇게 말했다.

"래리, 나는 그 공장에서 제일 일을 잘하는 배달부가 될 거야."

아버지는 우리를 올바르게 인도하셨다. 아버지는 일자리가 있으면 지원하고, 딱 한 가지밖에 대안이 없다 해도 정직하게 돈을 버는 일이면 부끄러워하지 말라고 말씀하셨다.

나도 비슷한 경험을 한 적이 있다. 예일대학을 졸업하기 전, 듀크대학 의과대학에서 1973년 가을 학기부터 나오라는 입학 허가를 받았다. 입학 전 여름 방학에 할 일이 필요했다. 사실 우리 형제자매들이 여름 방학에 일을 하지 않은 적은 없다. 어렸을 때부터 우리는 여름 방학이면 언제나 일을 했다. 우리에게는 그것이 너무나 당연했다.

내가 일자리를 찾고 있을 때 젊은 백인 고용 상담원이 나를 인터뷰했다. 나는 예일대학을 졸업했고 의과대학에 갈 예정이라고 사정을 설명했다. 그러자 상담원이 말했다.

"학생한테 딱 맞는 일이 있습니다. 육군 기지에 있는 병원에서 하는 일이에요."

나는 병원 안에서 일하면서 환자를 돌보는 일도 접할 수 있을 것으로 생각했다. 때문에 첫날 와이셔츠에 넥타이를 매고 일터로 갔다. 하지만 내 복장을 훑어보는 인사 담당자의 시선을 보고 그제야 사태를 파악했다.

"정원사로 일하시면 됩니다."

인사 담당자가 말했다. 내가 상대할 일이라고는 뜨거운 햇빛뿐이라는 말이었다. 인사 담당자는 신참 청소부로 배정해 나를 밖으로 내보냈다. 속상하긴 했지만 잔디 깎는 일이야 이미 도가 텄다고 생각하며 웃어 넘겼다.

나를 상담했던 청년고용 사무소의 여자 상담원은 어떤 일인지 알고 있었을 것이다. 나는 이 병원에서 사무원을 찾고 있다는 걸 알고 있었고, 이날 같은 고용 사무소에서 안내를 받은 다른 여자 한 명과 내가 첫 출근을 했던 것이다. 나는 내가 사무원이 될 것으로 예상했다. 타이핑을 배워 능숙하게 할 수 있었기 때문이다. 나와 함께 온 여성은 아마 1분에 20타도 치지 못할 것이다. 하지만 나는 흑인 남자였고, 상대는 백인 여자였다. 결국 나는 정원사가 되었고, 그 여자는 사무원 겸 타이피스트가 되었다.

나는 불평하지 않았다. 일을 갖게 된 것에 감사했고 기지에서 가장 깨끗한 정원을 보여주리라 마음먹었다. 첫날 저녁 집에 돌아왔을 때 내 옷은 온통 땀으로 젖어 있었다. 비라도 흠뻑 맞은 양. 하지만 걱정하지 않았다. 빨면 되는 일이니까.

여름 방학 내내 나는 기지 역사상 가장 일을 잘하는 정원사가 되기 위해 최선을 다했다. 맡은 구역을 깨끗하게 청소하고, 잔디도 항상 짧게 깎아 잘 관리했다. 물론 병원 밖에서 일하게 된 것이 속상하긴 했다. 일종의 인종 차별이라는 것도 알고 있었다. 하지만 그렇다고 해서 맡은 바 책임을 게을리하는 건 있을 수 없는 일이었다.

나만큼 열심히 하는 일꾼은 없었다. 중요한 것은 내가 일자리를 얻었다는 사실이었다. 더구나 아버지는 늘 우리에게 정직한 일이라면 무엇이든 좋다고 말씀하시지 않았는가. 나는 여름 방학 내내 할 일이 있었고 그러니 바라던 돈도 벌 수 있을 터였다. 나는 그런 기회를 가진 것을 자랑으로 생각했고, 병원을 방문한 사람들이 내가 관리한 뜰을 보고 감탄한다는 사실이 뿌듯했다.

일한 지 며칠 안 되어 병원 안에서 일하는 사람들을 만날 기회가 있었다. 내가 의사 지망생인 것을 알고 원하면 언제든 병원 도서관을 이용할 수 있게 해주었다. 덕분에 가끔 일을 마치고 도서관에 가서 한 시간씩 공부를 했다.


아무도 달가워하지 않는 일을 열심히 하는 버릇은 젊은 시절에만 국한되지 않는다. 지금도 나는 그렇게 생활하고 있다. 나는 소아과를 전공한 의학박사로 1980년 개인 병원을 시작했다. 그렇지만 지금도 내 위신에 걸맞지 않은 하찮은 일이란 없다고 믿는다.

몇 주 전 병원의 이동식 세면대에서 물이 넘쳤다. 나는 하수관 청소기를 가져와서 문제를 해결한 다음 밀걸레를 잡고 바닥을 닦기 시작했다. 바로 그때 환자 어머니 중 한 분이 복도를 걸어왔다. 그분은 나를 몰라보고 지나칠 뻔하다가 멈췄다.

"아니, 해리스 선생님 아니세요?"

"네."

내가 밀걸레질을 잠시 멈추고 대답했다.

"정말…… 해리스 선생님?"

"맞습니다."

내가 다시 밀걸레질을 시작했다.

"아니, 의사 선생님이 걸레질을 하시다니요?"

"걸레질하는 사람이 따로 있습니까?"

그때 다른 사람들이 들어오자 먼저 있던 어머니가 소리쳤다.

"해리스 선생님 좀 보세요. 의사 선생님이 직접 걸레질을 하고 계신다니까요! 정말 놀랍죠?"

"필요하면 언제든 바닥 청소도 합니다. 어머니가 늘 '더러운 것을 보면 직접 치우라'고 가르치셨거든요. 지저분한 것을 봤으니 어머니 말씀대로 하고 있는 것입니다."

그분들은 웃었다. 그중 한 분이 저런 교육을 받은 남편이 있었으면 좋겠다고 말하는 소리가 들렸다.

환자 어머니가 깜짝 놀라기 전까지 나는 별난 일을 하고 있다는 생각조차 못했다. 나는 그저 40년도 더 전에 받은 교육을 따르고 있었을 뿐이었다.

대비되는 예로 우리 친척 중 한 사람의 이야기를 들려주고 싶다.

그는 대학을 졸업한 뒤 곧장 일자리를 찾지 못했다. 나는 패스트푸드점에서 사람을 뽑는데 지원해보라는 이야기를 해줬다.

"난 그런 데서는 일 안 해."

"아니 왜? 돈을 많이 주는 건 아니지만 일은……."

"나랑 격이 안 맞잖아. 내가 얼마나 교육을 많이 받았는데 그런 일을 해."

더 이상 논쟁을 하지는 않았지만 그가 안됐다는 생각이 들었다.

그날 저녁 나는 나의 두 아이, 미첼과 래리 주니어에게 그 일을 이야기했다. 아이들에게 말할 때 내 목소리가 아버지와 똑같이 느껴진다는 생각에 내 얼굴엔 미소가 절로 번졌다. 솔직히 내 목소리가 아버지를 닮았다는 사실이 좋았다.

"사정이 있어 의사가 되지 못했다면 아빠는 야외에 나가 잔디를 깎아 돈을 벌어야 했을 거다. 그렇더라도 아빤 아무 문제 없이 그 일을 했을 거야."

그러고는 아이들의 할아버지에 대한 이야기를 들려주었다. 물론 우리 아이들이 끊임없이 할아버지 이야기를 들으며 자랐다는 것을 잘 알고 있다. 하지만 다시 한 번 이야기해주고 싶었다.

아버지가 했던 부업 이야기를 하자 두 아이는 귀를 쫑긋 세우고 들었다. 아버지는 나에게 최고의 영웅이었다. 그러니 이야기하는 것만으로도 즐겁고 행복했다. 부디 아이들이 나만큼 즐겁고 행복하게 '나의 영웅' 이야기를 들어주었으면 하는 마음이었다.

물론 형과 내가 대학을 졸업한 뒤 했던 일들에 대해서도 들려주었다. 그러자 쌍둥이 마이클이 대학 1학년 여름 방학에 집에 왔을 때가 떠올랐다. 당시 마이클은 트럭 뒤에서 쓰레기를 모으는 지저분하고 힘든 일밖에 구할 수 없었다. 하지만 마이클은 불평하지 않았다.

"래리 형, 나는 페이트빌에서 제일 유능한 쓰레기 수거 요원이야." 그런 태도를 보니 녀석이 고등학교 시절 "내가 우리 집에서 제일 똑똑한 사람이야" 하고 으스대던 모습이 떠올랐다.

아버지는 어떤 일이든 상관없이, 우리가 어디서 일하느냐가 아니라 있는 자리에서 얼마나 일을 잘하느냐에서 자부심을 찾아야 한다고 강조하셨다. 이러한 아버지의 말씀은 우리 형제자매가 성장하면서 뚜렷한 직업관을 형성하는 데 큰 영향을 주었다.

Chapter

# 10

소신과
결정

# 스스로 목표를 세우고
# 최선을 다할 수 있도록
# 격려하라

"소신을 갖고 삶의 중심을 잡으렴.
그러지 않으면 아무것에나 빠져들게 된단다."

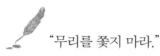"무리를 쫓지 마라."

아버지는 늘 역설하셨다.

"소신을 갖고 삶의 중심을 잡으렴. 그러지 않으면 아무것에나 빠져들게 된단다."

어머니가 즐겨하신 말씀이다. 이런 가르침이 우리 아홉 형제자매에게는 매우 중요했다.

부모님은 전 과목 A학점을 받은 성적표를 가져오라거나, 우리의 능력 이상을 하라고 강요하신 적이 없다. 이는 우리 형제들 모두가 기억하는 사실이다. 우리가 자라면서 들은 말은 오직 "최선을 다해라"였다.

우리는 형제들끼리 경쟁심이 상당했다. 다들 다른 형제자매보다 좋은 성적을 받으려고 애썼다. 그게 효과가 있었을까? 나와 마이클,

메이벌은 고등학교에 다닐 때 저학년 학생회장이었다. 마이클과 나는 고등학교 졸업생 대표였다. 데보라, 마이클, 미첼, 프리다, 루스, 메이벌은 모두 교회 청소년회 회장을 지냈다.

그렇다. 형제들 사이의 경쟁은 분명 효과가 있었다. 형제들 모두 성적 경쟁에 열심이었다. 마이클과 내가 아마도 가장 적극적이었을 것이다. 마이클은 항상 나보다 자기가 더 똑똑하다고 생각했다. 물론 내 생각은 달랐다. 우리는 서로 골려먹는 걸 좋아했다.

"날 어찌해 볼 생각일랑 접으시지."

나는 항상 마이클에게 그렇게 말했다.

"내가 최고니까."

그러면 마이클은 그저 웃기만 했다. 자신이 지적으로 더 뛰어나다고 확신하고 있는 것 같았다.

부모님은 그런 선의의 경쟁에는 개의치 않으셨다. 설령 마이클이 나보다 높은 성적을 받았다 해도(내 기억으론 그런 일은 없었다), 나는 내 일인 양 기뻐했을 것이다.

부모님은 그 면에서 너무나 현명하셨다. 아버지는 늘 "최선을 다해라. 항상 100점을 맞을 필요는 없다. 70점이 네 최선이라면 자랑스럽게 집으로 가져오려무나" 하고 말씀하셨다. 이상하게 들리겠지만 그런 자유가 우리를 더욱 열심히 하도록 부추겼다.

프레드 형과 내가 고등학교에 들어갔을 무렵 우리는 이상한 잠버릇을 갖게 되었다. 저녁 10시부터 약 다섯 시간 동안 잠을 잔 뒤, 새벽 3시에 일어나 한두 시간쯤 공부를 하고 다시 한 시간 동안 잤다.

그리고 새벽 6시가 되면 형제들 모두 일어나서 하루를 준비했다.

하지만 어머니는 걱정하지 않으셨다. 우리가 잠을 충분히 자지 않는다고 꾸중하지도 않으셨다.

"졸리면 알아서 잔다는 것을 알고 있었으니까."

어머니는 나중에 그렇게 설명하셨다.

나는 성적표를 받으면 가장 먼저 부모님께 보여드렸다. 부모님이 성적표를 보시는 모습을 지켜보는 게 즐거웠다. 아버지는 성적이 나와 있는 왼쪽부터 읽으셨다. 그리고 우수한 성적을 받았거나 저번보다 성적이 올랐으면 칭찬하고 격려해주셨다.

반대로 어머니는 행동 평가가 나와 있는 오른쪽을 면밀히 살피셨다. 그래서 아버지보다 어머니를 기쁘게 하는 게 더욱 힘들었다.

한번은 메이벌이 다른 데서는 모두 A와 B를 받았는데 유독 품행에서는 C를 받아왔다. 그러자 어머니가 엄하게 말씀하셨다.

"다른 걸 아무리 잘해도 품행에서 C를 받으면 아무 소용 없다."

"네, 엄마."

메이벌이 의기소침해서 대답했다. 어쨌든 메이벌은 다시는 품행에서 C를 받아오지 않았다.

쌍둥이 미첼과 마이클은 품행에서 C를 두 번이나 받았다. 두 번째 C를 받았을 때는 성적표를 받고 울기 시작했다.

"도대체 왜 우는 거야?"

다른 학생이 물었다.

"너희는 성적을 잘 받았잖아."

"품행이 C잖아. 엄마가 우리를 혼내실 거야."

쌍둥이는 앞으로 펼쳐질 상황을 훤히 알고 있었다. 어머니는 둘 다 교실에서 잘 떠든다는 걸 알고 계셨다. 그래서 C를 받은 두 번 다 쌍둥이의 손바닥을 두 대씩 때리셨다. 그날 이후로 쌍둥이는 두 번 다시 품행에서 C를 받아오지 않았다.

어머니는 우리가 아주 어릴 때부터 이렇게 가르치셨다.

"평판은 죽은 뒤에도 남는 유일한 것이야. 어디를 가든 평판은 항상 너희를 따라다니지. 엄마가 식료품점에서 너희 담임 선생님을 만났다고 치자. 선생님이 너희가 성적은 아주 좋은데 품행은 좋지 못하다고 평한다면 어떻겠니, 너희가 자랑스러울까?"

며칠 후 어머니가 말씀하셨다.

"래리, 오늘 가게에서 너희 담임 선생님을 만났는데 선생님이 네가 학교에서 품행이 좋다고 하시더구나. 정말 자랑스럽다. 그게 바로 엄마가 듣고 싶은 말이었거든."

이 말을 들었을 땐 정말 기분이 날아갈 것만 같았다.


프레드 형은 최고점을 받아본 적이 없었다. 성적은 늘 괜찮은 편이었으나 대부분 B와 C였다. 하지만 형은 그 이상을 할 수 있는 능력을 가진 사람이었다. 아버지는 늘 "프레드, 넌 더 잘할 수 있다"고 강조하셨다.

우리는 형을 '베짱이'라는 영어 단어 '그래스하퍼grasshopper'를 거꾸로 한 '하퍼그래스Hoppergrass'라고 부르곤 했다. 아버지가 놀림조로 형을 잔디밭에서 빈둥거리는 배짱이라고 부르셨기 때문이었다. 사실 형에게 잘 어울리는 별명이었다. 그래도 형은 다른 형제들처럼 본격적으로 공부에 매진하고 싶지는 않은 모양이었다.

언젠가 어머니가 이렇게 말씀하시는 걸 들었다.

"어쩌면 프레드는 래리만큼 영리하지 않은지도 몰라요. 아이를 그냥 내버려둬요. 졸업하고 장사를 하면 되잖아요."

"아니, 프레드는 그 이상을 할 재주를 가진 아이예요."

아버지가 옳았다. 고등학교 1학년을 마친 여름 방학 때 형의 태도에 진정한 변화가 일어났다. 형은 청소년 봉사단 일을 했다. 형이 속한 그룹은 거리 청소를 맡았다. 쓰레기를 줍고 잡초를 제거하는 일이었다.

그 일은 형이 스스로를 통찰하는 좋은 기회였다. 형은 나에게 "성적을 올리지 않으면 평생 이 일을 하게 될지도 몰라" 하고 불안감을 내비쳤다. 그러고는 어느 날 저녁 식사 시간에 모두에게 선언하듯 말했다.

"공부해야 할 이유를 찾은 것 같아요."

형은 진심이었고 그만큼 변했다. 고등학교를 졸업하자마자 형은 대학에 들어갔고 다시 치대에 갔다. 첫해 이후 형의 성적은 B와 C에서 A와 B로 바뀌었다.

"내 말이 맞지요?"

아버지가 어머니에게 거 보라는 듯 말씀하셨다.

"프레드가 할 수 있을 거라고 했잖아요."

형을 제외한 나머지 형제들은 항상 학업에 의욕적이었다. 현재 박사가 된 데보라는 전체로 보면 늘 우수한 학생이었다. 하지만 우리 형제들만 놓고 보면 아주 우수한 편은 아니었다. 데보라에게는 특이한 이력이 하나 따라다닌다.

데보라는 학교 우등생 모임의 회원이 아니면서 총학생회장이 된 유일한 학생이었다. 데보라의 성적은 우등생 모임에 들어갈 만큼 좋지는 않았다. 우리는 이것을 가지고 데보라를 종종 놀렸다. 그렇다고 기가 꺾일 데보라가 아니었다.

"학생회장이 꼭 천재일 필요는 없다고."

이렇게 대차게 반박하는 것이었다.

데보라와 나는 둘 다 고등학교 때 총학생회장을 했지만, 데보라는 나보다 유능한 학생회장이었다. 데보라는 훨씬 단호하고 학생들한테 필요한 정책들을 추진했다. 당연히 실천력도 나보다 강했다.

사실 다른 형제들과 비교해 데보라의 성적이 높지 않던 이유는 이런 성격도 일조를 했다. 늘 활기에 넘쳐 다양한 활동에 관여하고 있었기 때문이다. 고등학생일 때도 데보라는 교회에서 여러 번 발표를 하고 공부 모임을 이끌었다. 우리 아홉 형제들 중에 데보라는 가장 달변이었고, 대중 강연에는 천부적인 자질을 보였다.

데보라에 이어 메이벌과 마이클도 반장이나 학생회장을 했다. 한 선생님이 어머니께 이렇게 말했다.

"댁의 자녀분들이 E.E. 스미스 고등학교를 대대로 통치하는군요."

어머니와 아버지가 집에 앉아서 우리의 성적표만 챙기셨던 것은 아니다. 독일에 살 때 어머니가 1주일에 세 번이나 같은 동물원에 간 적이 있다. 나와 프레드 형, 데보라가 각기 다른 반이었고 우리 셋 다 동물원으로 견학을 갔기 때문이다. 선생님이 함께 가줄 학부모가 있느냐고 물었을 때 우리 셋 다 어머니가 함께 가실 거라고 확신에 차서 말했다. 우리 중 누구도 어머니가 자원하지 않으실 것이라고는 생각조차 하지 않았다. 나 역시 어머니가 가지 않는다는 생각은 결코 해본 적이 없다.

어머니는 모든 학교 행사에 참석하셨다. 말하자면 어머니가 많은 시간을 우리와 관련된 활동에 할애하셨다는 이야기다. 자식이 아홉이나 되었으니 말이다. 어머니는 축구, 야구, 농구 등 모든 경기에 참석해 관중석에 앉아 계셨고, 학예회와 학부모 모임에도 어김없이 모습을 나타내셨다. 아버지도 군대에 있을 때가 아니면 모든 행사에 참석하셨다.

프레드 형과 내가 서로 다른 팀으로 대결한 적도 몇 번 있었다. 하지만 부모님에게 그런 것은 문제가 안 되었다. 부모님은 우리 둘을 다 응원하셨다. 한번은 야구 경기에서 내가 출루한 상태에서 수비수였던 형이 공을 잡았다. 나는 베이스를 떠나 뛰기 시작했고 형이 나를 향해 공을 던졌다. 결국 나는 아웃됐다. 어머니는 그런 와중에도 우리 둘을 동시에 응원하셨다.

일을 시작한 뒤에도 어머니는 학교 행사 참석을 등한시하지 않으셨다. 중요한 학교 행사일 경우엔 직장에 반일 근무를 신청하셨다.

어머니는 직장에서 늘 열심히 일하시고 가끔은 시간 외 근무도 하는 성실한 직원이셨다. 따라서 회사에서도 성실한 직원이 자식의 학예회에 참석하기 위해 두어 시간쯤 자리를 비우는 것을 흔쾌히 허락해주었다.

그래서 우리는 어머니가 중요한 학교 행사면 모두 참석하시리라는 걸 알고 있었다. 이런 일들은 부모님이 얼마나 우리를 사랑하시고 배려하시는지를 깨닫게 해주었다. 어머니의 이런 태도는 선생님들에게도 영향을 미쳤다. 자식 교육에 대한 부모님의 깊은 관심을 느낄 수 있었기 때문이다. 예정된 행사에 온 학부모가 어머니 혼자였을 때는 더욱 두드러졌다.

지금도 어머니는 손주들이 뛰는 모든 경기에 참석하신다. 그동안 한 경기라도 빠지신 적이 있는지 의심스러울 정도이다.

나는 그 가르침을 잘 배웠다. 아들 래리 주니어가 고등학교에 다닐 때 아들의 경기를 보기 위해 병원을 조금 일찍 닫거나 예약 일정을 조정했다. 사람들은 나를 "팀의 아빠, 래리 아저씨"라고 불렀다. 모든 경기에 참석한 유일한 아빠였기 때문이다.

부모님이 최선을 다하는 모습을 본 한 가지 사례를 소개하겠다. 1973년 6월 어느 날 오전 11시 코네티컷 주, 뉴헤이븐에서 나의 예일대학교 졸업식이 있었다. 그런데 마이클과 미첼이 같은 날 노스캐롤라이나 주 페이트빌에 있는 E. E. 스미스 고등학교를 졸업했다. 부모님은 어떻게 하면 두 행사에 다 참석할 수 있을지를 궁리하셨다.

부모님은 형과 형의 아내 카렌과 함께 차를 타고 뉴헤이븐으로 오셨다. 프레드 형과 형수는 내 물건들을 챙겨 다음 날 차를 타고 돌아갈 예정이었다. 형은 졸업식이 끝난 뒤 부모님을 공항까지 모셔다드렸다. 페이트빌까지 비행기를 타고 가야 했기 때문이다. 직항 노선이 없었기 때문에 부모님은 워싱턴 D.C.에서 비행기를 갈아타야 했다.

뉴헤이븐에서 워싱턴 D.C.까지 비행기 구간은 무난했다. 하지만 심한 뇌우 때문에 워싱턴 D.C.에서 비행기 이륙이 한 시간 반쯤 지연되었다.

마이클은 졸업식장에서 고별 연설을 하는 졸업생 대표였다. 그 때문에 쌍둥이의 졸업식 참석은 부모님께 더더구나 중요했다. 아들이 대표로 하는 고별 연설을 듣고 싶어하셨으니까. 하지만 두 분이 강당에 도착했을 때 식은 모두 끝난 뒤였다. 결국 부모님은 마이클의 고별 연설을 듣지 못하셨다.

물론 부모님에게는 속상한 일이었겠지만 마이클이 크게 신경 쓰지 않았을 거라 생각한다. 마이클과 우리 형제들 모두에게 인상 깊었던 것은 '부모님이 양쪽 행사에 모두 참석하시기 위해서 얼마나 노력하셨는가'였다. 하기야 이 일이 그리 놀라울 것은 없었다. 어머니와 아버지는 늘 그렇게 해오셨으니까.

어렸을 때 아버지가 우리에게 하시던 말씀이 지금도 기억난다. 아버지는 우리 모두가 대학에 가면 좋겠지만 우리를 다 보낼 금전적인 여유가 없다고 말씀하셨다. 때문에 우리가 장학금을 받아야 할 거라고 덧붙이셨다. 그것이 아버지가 우리에게 바라시는 목표요, 기대치였다. 아버지는 굳은 의지가 얼마나 중요한 것인가를 우리에게 늘 주입시키셨다. 아버지는 훌륭한 교육을 받지 못했을 때 우리의 삶이 어떻게 될 것인지를 끊임없이 상기시키셨다. 아버지는 우리가 평범한 수준에 만족하기를 바라지 않으셨다. 왜냐면 우리가 그 이상 할 수 있다는 것을 아셨기 때문이다.

아버지는 우리가 최선을 다했다고 자신이 인정하는 그런 수준에 도달할 때까지 계속 밀어붙이셨다. 또 자신이 살면서 겪은 어려움을 공유함으로써 우리에게 어려움을 극복하는 방법을 알려주셨다. 아버지는 많은 것을 성취하려면 어떻게 해야 하는지도 가르쳐주셨다.

"생각만 하지 마라. 실천해라."

데보라는 아버지의 가르침이 얼마나 유효했는가를 다음과 같이 설명한다.

우리가 배운 또 한 가지는 목표를 성취할 전략적인 계획을 짜는 방법이었어. 훌륭한 본보기와 설명을 통해 아버지는 우리가 넘어졌을 때 다시 일어설 수 있게 가르치셨어. 더불어 형제들 중에 누군가 넘어지면 다른 형제들이 도와야 한다는 것도 배웠지. 우리가 의욕을 상실하거나 낙담했을 때 아버지는 애정 어리지만 진지하게, 진정한 용사는 전투가 치열하다고 해서 도망치지 않는다는 걸 상기시키셨지. 아버지 말씀대로 나는 늘 훌륭한 용사가 되려고 노력했어. 그 간단한 말이 얼마나 힘이 되었는지 몰라. 혼자서 두 아이를 기르면서 마주치는 험난한 상황을 극복할 수 있게 해주었지.

대학 진학을 앞둔 시점에서 나는 고등학교를 최우수 성적으로 졸업했다. 때문에 여러 곳에서 장학금 제의가 들어왔다. 당연히 부모님이 계신 노스캐롤라이나 주에 머물고 싶은 마음이었다. 프레드 형이 노스캐롤라이나 주, 그린즈버러에 있는 A&T 주립대학에 다니고 있었다. 거기에 등록할까 생각하면서 동시에 노스캐롤라이나, 듀크, 웨이크포레스트, 예일 등도 고려했다.

형이 A&T 주립대학에 다니던 첫해에 인종 폭동이 일어나서 주방위군이 학생 한 명을 죽이는 불미스러운 사태가 벌어졌다. 그 때문에 A&T 주립대학에는 가지 않기로 했다. 듀크대학에서는 얼마 전부터 흑인 학생들이 단독 건물을 쓰고 있었다. 웨이크포레스트, 노스캐롤라이나, 예일대학 등도 모두 입학 허가서를 보내왔다. 전해에 우리 학교 출신 중 예일에 들어간 선배가 있었다. 선배는 내가 예일로 와줬으면 했다. 예일대학은 미국 최고 명문에 속했을 뿐 아니라 가장 좋은 장학금 조건을 제시했다.

예일대학 선택을 놓고 망설였던 유일한 이유는 너무 멀다는 것이었다. 어머니는 내심 내가 노스캐롤라이나 주 윈스턴살렘에 있는 웨이크포레스트에 갔으면 하는 눈치셨다. 집에서 가까웠기 때문이다. 하지만 그 이야기를 꺼냈을 때 어머니는 "네 선택이다, 래리. 그러니네가 결정해야 해. 네가 어떤 선택을 하든 아마 옳은 선택일 거야"하고 말씀하셨다.

나는 어느 학교가 좋을지 아버지와도 상의했다.

"그건 너한테 달렸다, 아들아."

많은 생각 끝에 나는 예일을 선택했다.

그해 가을 나는 장거리 버스를 타고 열네 시간을 달려 예일대학으로 향했다. 열네 시간이 아니라 영원처럼 길게 느껴지는 시간이었다. 버스 안에서 몇 번이나 자문했다.

'내 머리가 이상한 건가?'

예일대학에 들어간 뒤에 나는 문화적 충격을 경험했다. 그곳은 명문 대학이었을 뿐 아니라 부유하고 유명한 인물들이 많았다. 동급생들은 월스트리트의 주식 중개인이나 국제 변호사의 아들들이었다. 그뿐만이 아니라 평생 처음 보는 너무나 똑똑한 사람들도 많았다. 나도 SAT에서 좋은 점수를 받았지만 만점을 받은 학생도 있었다. 항상 내가 똑똑하다고 생각하며 자랐지만 이내 교실 안의 모든 학생이 똑똑하다는 걸 알게 되었다.

다른 학생들을 접해보니 학생들끼리 처음 물어보는 질문이 "아버지 직업은 뭐니?"였다. 처음 내게 그런 질문을 한 건 유명한 변호사의 아들이었다.

"아, 아버지는 군인이셔."

그렇게 말하고는 잊어버리고 있었다.

다음 날 변호사 아들이 말했다.

"어제 아버지하고 이야기를 나누다가 너에 대해서 말씀드렸어. 아버지가 그러시더라. 해리스라는 성을 가진 흑인 장군이 있다고. 그분이 네 아버지시니?"

"아니야. 우리 아버지는 하사관이셔."

친구는 좀 당황한 모양이었지만 나는 태연했다. 아버지는 항상 우리 집안사람이라는 데 자긍심을 가지라고 가르치셨다. 가족이 무슨 일을 하는가에 상관없이 말이다.

아버지가 하사관이라는 사실이 내 성적에 영향을 주지는 않았다. 나를 좋아하는 사람들은 어쨌거나 '나'라는 사람을 좋아했다. 나는 내 배경을 속상하게 생각하지 않았다. 그럴 필요가 있는가? 오히려 나는 자랑스러워하고 있는데.

나는 예일대학에서 정말로 열심히 공부했다. 내 평생 가장 열심히 공부했던 시기였다. 당연히 처음 제출한 영어 보고서가 훌륭하다고 생각했다. 하지만 전임 강사인 교수님이 검토해서 돌려주신 보고서 위에는 '점수를 매길 수 없을 정도임. 회의실에서 따로 만났으면 함'이라고 적혀 있었다.

교수님이 보고서를 너무 형편없다고 하신 것이다. 청천벽력 같았다. 정말 열심히 했고 내가 하는 일을 잘 안다고 생각했는데 말이다.

교수님은 "도와주겠다"고 제안하셨다. 나는 교수님 책상 앞에 앉았다. 교수님은 보고서를 한 문장 한 문장 점검하면서 잘못된 것을 일일이 지적해주셨다.

지금까지 내가 스스로를 똑똑하다고 생각했다는 사실이 의아할 정도였다. 그렇게 형편없었다면 어떻게 고등학교 졸업생 대표로 고별사를 읽을 수 있었을까? 생각이 뒤죽박죽이었다.

"자네가 잠재력이 있기 때문에 도와주고 싶은 거야. 전체적인 구조는 좋아. 하지만 제대로 표현되지 않았어."

교수님은 내가 좀 더 분석적으로 글을 쓸 필요가 있다고 하셨다. 그러고는 몇 번에 걸쳐서 보고서 쓰는 법을 지도해주셨다. 또한 대학원생 한 명을 골라 나를 도와주게 조치해주셨다. 정말 감사했다. 예일대학 대부분의 교수님들이 그랬다. 예일의 장학금을 받아들인 것이 현명한 선택이었음을 알게 된 순간이었다.

　　돈이 풍족하지 않았으므로 늘 교내 식당에서 가장 저렴한 식사를 했다. 대신 용돈이 전혀 없었다. 크리스마스나 여름 방학에 집에 가려면 부모님이 차비를 보내주셔야 했다.

　　앞서 말한 대로 처음 예일에 갈 때 페이트빌에서 뉴헤이븐까지 장거리 버스를 탔다. 그때만 해도 나는 너무 순진했다. 커다란 트렁크를 들고 터미널에 내렸다. 당연히 터미널에서 학교까지 택시를 타야 할 상황이었다.

　　"그렇게 큰 트렁크는 차에 안 들어가요."

　　기사가 말했다.

　　"하지만 여기 두고 갈 수는 없잖아요?"

　　"그럼 걸어가든지요."

　　나는 정말로 그렇게 했다. 지도를 꼼꼼히 보고 어디로 가야 하는지를 파악한 다음 걷기 시작했다. 대략 3킬로미터쯤인 것 같은데 커다란 트렁크를 질질 끌며 걸어갔다. 나중에 아버지가 "트렁크에 짐을 넣어주면 돈을 좀 더 얹어주겠다고 말했더라면 아마 그렇게 해줬을 거다" 하고 말씀하셨다. 부업으로 택시 운전을 하셨기 때문에 아버지는 그쪽 사정에 대해 잘 알고 계셨다. 워낙 경험이 없었던 나는 그런 생각조차 하지 못했다. 그때가 택시를 잡아본 최초의 경험이었으니까.

나중에 나는 그 일로 부모님을 놀렸다.

"두 분이 저를 다른 형제들처럼 좋아하지 않으셨던 것 같네요. 나머지 형제들은 다 아버지가 차로 학교까지 데려다주셨잖아요. 그런데 저만 버스를 타고 가야 했으니 말이에요."

물론 아버지는 다른 형제들은 노스캐롤라이나 주에 있는 학교를 갔는데, 나만 무려 1,000킬로미터나 떨어진 학교를 선택했다는 사실을 콕 집어 말씀하셨다.

부모님이 내심 예일에 가는 것을 반대하셨던 건 아닐까 하는 생각도 해본다. 부모님은 거기에 대해서 말씀을 한 적도 없으셨고 내 결정에 반대하신 적도 없으셨다. 하지만 내가 확실하게 기억하는 것은 새벽 1시에 떠나는 버스를 타기 위해 버스 터미널까지 가야 했다는 사실이다. 그때도 부모님이 아닌 프레드 형이 나를 차로 데려다주었다. 그것도 내가 가끔씩 부모님을 놀리는 소재 중 하나다.

우리 형제자매들은 자립해서 생계를 꾸렸다. 부모님으로부터 물려받은 재산은 아무것도 없었다. 부모님은 어릴 적부터 스스로 삶을 꾸려야 한다는 중요한 교훈을 알려주셨다.

나는 예일대학에서 힘겨운 공부를 해나갔다. 하지만 나는 혼자가 아니었다. 자상한 가족들의 지원과 교회에서 만난 기독교인들의 보살핌이 함께했다.

내가 시련 속에서도 강인하게 버틸 수 있었던 것은 어릴 적 부모님의 가르침과 격려 덕분이었다. 힘들 때마다 늘 최선을 다하고, 목표를 높이 세우고, 목표를 이루기 위해 전력을 다해 매진하라고 하신 말씀을 떠올리며 시련을 헤쳐나갔다.

도전과
끈기

# 쉽게 포기하지 말고
# 계속 나아가게 하라

"제1안이 실패했을 때는 제2안으로 가면 된다.
중요한 건 멈추지 말고 계속 나아가는 거야."

나는 아버지가 마음의 고통과 실의를 다스리는 법을 말씀하실 때가 무척 좋았다. 상황이 원하는 대로 풀리지 않을 때 아버지는 우리에게 비통해하지 말라고 역설하셨다.

"네가 바꿀 수 없는 것에 대항하지 마라. 그저 열심히 살면 된다. 계속 앞으로 나아가는 거야."

아버지가 이렇게 말씀하시는 걸 얼마나 많이 들었는지 모르겠다. 아버지 삶의 좌우명과도 같은 말이다. 이 말을 되뇌면서 편안함을 찾은 적도 적잖이 많았다. 슬픔, 분노, 원한. 이런 것은 우리한테 아무런 도움이 되지 않는다. 그저 우리를 해칠 뿐이라고 아버지는 말씀하셨다. 그리고 그런 것과 씨름하는 대신 그냥 앞으로 가라고 하셨다. 이는 우리 형제가 배운 가장 귀중한 교훈 중 하나이다.

그렇다고 현명하고 배려 깊은 부모를 만났기 때문에 우리의 삶이 마냥 순조로웠던 것은 아니다. 모든 삶이 그렇듯이 우리 형제들도 살면서 수많은 실의를 맛보았다.

앞에서 예일대학에 들어간 이야기를 했다. 그전까지 나는 C학점 이하의 점수를 한 번도 받아본 적이 없었다. 항상 A 아니면 B였다. 하지만 대학 1학년 때 내 성적은 전과는 달리 그저 평균 수준이었다. 그 뒤에 2학년 1학기 때는 물리에서 낙제까지 했다. 정말 엄청난 충격이었다. 완전히 실의에 빠진 나는 집으로 와서 말했다.

"그만둘 생각이에요."

그때 나는 의대에 갈 수 있는 가능성이 무척이나 희박하다고 생각했다.

"그러면 안 된다, 얘야."

아버지가 말씀하셨다. 어머니 역시 아버지가 하시던 말씀을 되풀이하셨다.

"그냥 계속해보려무나. 물리 수업은 다시 들으면 되잖니."

나는 내 생각을 잠시 보류하고 부모님 말씀대로 물리 수업을 다시 듣기로 했다. 그 결과 두 번째는 통과였다. 일단 낙제점을 받았다는 실의를 극복하고 나자 더욱 열심히 하고 싶은 의욕이 생겼다. 그리고 4학년 때는 우수한 학점을 받았다. 이렇게 문화적 충격에 휩싸였던 노스캐롤라이나 출신 청년은 마침내 프레스 해리스와 루스 해리스의 아들임을 진정으로 증명해냈다.

나는 노스캐롤라이나로 가서 의대에 갈 생각이었다. 소아과 전문

의로 교육을 이수한 뒤 고향에서 병원을 열고 싶었다. 그렇게 되면 나는 페이트빌 최초의 흑인 소아과 의사가 되는 것이었다.

우선 의대를 결정했다. 노스캐롤라이나 주에 있는 몇 개 의대에 지원서를 냈고, 듀크, 보우만그레이, 노스캐롤라이나대학 등에서 입학을 허가했다. 며칠 동안 고민과 기도를 거듭하고, 형제들 그리고 교회 친구들과 대화를 나눈 뒤 듀크 의과대학으로 결정했다.

우리 가족의 꿈은 페이트빌에 해리스 병원을 차리는 것이었다. 그래서 우리는 나름대로 계획까지 세웠다. 프레드 형이 치과 의사, 내가 소아과 의사, 쌍둥이 동생들이 각자 소아과 의사와 산부인과 의사가 된다는 계획이었다. 그리고 때마침 아버지도 군에서 은퇴하신 후 경영학 박사과정을 밟고 계셨던지라 아버지가 총제적인 병원 경영을 담당하시면 되겠구나 싶었다. 정말이지 모든 게 우리 가족한테 딱 맞아 들어가는 것 같았다. 계획대로만 된다면 우리는 좋은 친구이자 사업 파트너가 될 예정이었다.

하지만 결국 우리 가족은 이 계획을 실행할 수 없었다. 쌍둥이가 의대에 입학하지 못했기 때문이다. 오랜 가족의 꿈이 사라지는 순간이었다. 이는 우리 형제들뿐 아니라 아버지에게도 큰 실망이었다. 우리의 계획은 확고했다. 기회만 주어진다면 잘할 자신도 있었다. 하지만 삶의 모든 요소를 우리가 다 통제할 수 없다는 사실을 받아들여야만 했다.

사실 쌍둥이는 의과대학에 들어가기에 성적이 충분했다. 하지만 둘은 인터뷰를 통과하지 못했다. 인터뷰는 마지막 고비였다. 쌍둥이는 자신들이 떨어진 이유를 결코 알 수 없었다. 둘에게는 너무 가혹한 경험이었다. 특히 미첼보다 성적이 훨씬 좋았던 마이클은 의사가 되지 못한다는 패배감에 빠지고 말았다. 자기 잘못이 아니었지만 마이클은 그래도 패배라고 생각했다.

"계속해보자꾸나, 얘야."

모두가 좌절에 빠져 있을 때 아버지가 평소보다 더 큰 목소리로 말씀하셨다. 그 사건은 분명 아버지께도 크나큰 충격이었을 테지만 이미 불가능해진 일에 연연하시는 분은 아니었다.

낙담하긴 했지만 쌍둥이는 아버지 말씀처럼 계속 앞으로 나아가야 한다는 것을 알고 있었다. 쌍둥이는 지방의 한 제약 회사에서 사람을 구한다는 소식을 들었다. 두 사람은 제약 회사에 지원했고 곧 일하기 시작했다. 한 해를 기다렸다가 다시 의과대학에 지원할 수도 있었다. 하지만 두 사람은 회사 일에 만족했고 그 길을 계속 가기로 결정했다.

제약 회사에 입사한 후 열심히 일한 마이클과 미첼은 회사 최초로 동남부 지방을 총괄하는 흑인 영업부장이 되었다. 미첼은 지금 지점장이며 애틀랜타 시에 살고 있다. 마이클은 지역총괄 책임자로 노스캐롤라이나 주 지역을 관할하고 있다. 하지만 소수 인종에 대한 차별 때문에 두 사람은 기대했던 만큼 승진하지는 못했다. 이는 두 사람에게 매우 실망스럽고 가슴 아픈 일이었다. 다른 가족들에게도 마찬가지였다. 시간이 지나면서 두 사람은 판매 영역에서 최고의 실적과 리더십을 발휘했다. 하지만 업무 성과가 좋지 못한 사람들이 두 사람보다 더 빨리 승진했다. 두 동생들은 자신들보다 회사 근무 기간도 짧고 업무 성과도 낮지만 회사의 이사진이 된 백인들을 훈련시키고 있다.

가슴 아픈 일이다. 멀리서 이런 모습을 지켜봐야 하는 형으로서 안타까운 일이 아닐 수 없다. 그러나 정작 흥분하고 열을 내는 사람은 나뿐이었다. 동생들은 그렇게 비통해하지 않았다.

승진에서 탈락된 많은 흑인들이 더 좋은 지위와 조건을 찾아 다른 회사로 옮기는 동안에도 동생들은 포기하지 않고 계속 나아갔다. 동생들은 스스로를 역할 모델로 생각하고 있다. 그래서 자신들이 젊은 흑인과 이 산업에 뛰어든 다른 소수 인종을 위해 앞서 길을 닦아주고, 계속 시도해보도록 용기를 주어야 한다고 생각한다. 아버지가 그러셨듯이 쌍둥이는 불공평한 처사에 사직으로 응수하는 대신 오히려 더욱 열심히 일을 한 것이다.

우리 가족이 소원하던 가족 병원이 현실화되지 못한 것은 분명 가슴 아픈 일이다. 하지만 우리는 아버지의 말씀을 가슴에 새기며 이 일을 극복해냈다.

"제1안이 실패했을 때는 제2안으로 가면 된다. 중요한 건 멈추지 말고 계속 나아가는 거야."

나는 1988년에 인생에서 가장 힘든 시기를 겪었다. 뇌종양에 걸린 것이다. 종양의 위치 때문에 내가 살 수는 있을지, 산다 해도 일을 할 수 있을지 불확실했다. 시력을 잃을 수도 있고 죽을 수도 있는 상황이었다.

뇌종양 선고를 받기 불과 며칠 전에 나와 아내 베티는 꿈에 그리던 집의 토대 공사를 시작했다. 하지만 나는 치료를 위해 건설을 중단하고 모든 것에서 손을 뗄 생각이었다. 그리고 아버지께서도 당연히 그렇게 말씀하실 것이라 생각했다. 아버지는 논리적인 분이시니까. 하지만 아버지는 나에게 이렇게 말씀하셨다.

"계속하렴. 멈추지 마라. 이건 네 집이다."

어머니도 마찬가지셨다.

"네가 꿈꾸고 계획했던 것이야."

포기하려 했는데 그 말을 들으니 힘이 났다. 부모님은 일단 계획한 일은 포기하는 법이 없으셨다. 하지만 나는 겨우 서른여덟의 나이에 인생이 끝난 것처럼 굴었던 것이다. 아내와 형제들 역시 내가 실의에 빠져 있도록 내버려두지 않았다.

"래리, 가족은 걱정하지 마. 혹시라도 너한테 무슨 일이 생기면 우리가 돌볼 거다."

형이 약속했다.

다행히 수술은 성공적이었다. 덕분에 우리는 만약의 사태에 대비한 제2안으로 갈 필요가 없었다.


데보라는 채플힐에 있는 노스캐롤라이나대학 시절 크나큰 실의를 맛보아야 했다. 이미 노스캐롤라이나대학에서 교육학 석사학위까지 딴 후였지만 2년 뒤 데보라는 박사학위 공부를 시작했다. 데보라에게는 박사학위를 따는 것 자체가 호된 시련이었다. 그런데 남편과 헤어지기까지 했다. 데보라는 중대한 선택의 기로에 직면했던 당시를 이렇게 이야기한다.

"11년 동안 함께 산 남편과 계속 살아야 할 것인가? 아니면 아이들의 미래를 위해 남편을 떠나야 할 것인가?"

데보라는 답을 찾고 싶었다. 데보라의 결혼은 항상 불안하고 험난했다. 하지만 그럼에도 데보라가 결혼 생활을 유지했던 것은 포기하면 안 된다고 배웠기 때문이었다.

"우리는 중도에 포기하지 않는다. 목표를 달성하기 위해 전력을 다해야만 한다."

이 가르침은 분명 사실이었다. 우리는 분명 그렇게 배웠다. 하지만 데보라가 간과한 것이 한 가지 있었으니, 그것은 바로 '붙잡고 있는 것이 능사는 아니다'라는 아버지의 말씀이었다. 계속 가야 할 상황이 있는 반면 때로는 빠져나오는 것이 최선인 경우도 있다.

데보라는 훗날 자신의 잘못을 시인했다.

지금 생각해보면 그렇게 불안한 환경을 붙잡고 있었던 건 강인함과는 전혀 별개였던 것 같아. 당시에는 버티는 것이 능사라고 생각했지. 시련을 겪는 동안 나는 계속 이렇게 생각했어. 상황을 바꿀 수 있을 거라고. 사실 상황이 잘못되었고 이미 실패했다는 건 오래전부터 알고 있었어. 하지만 상황을 바로잡을 방법이 없다고 생각했지. 부모님을 생각하고, 부모님이 보여주신 훌륭한 결혼 생활을 생각했어. 왜 난 부모님처럼 못하는 거지? 훌륭하지는 못하더라도 적어도 부모님처럼 안정되고 견고한 결혼 생활은 할 수 있지 않을까? 오빠와 동생들도 모두 행복 가정을 꾸리고 있잖아. 그런데 나만 왜 이러는 거지?

시간이 흐른 뒤, 내가 행복한 결혼 생활을 영위하고자 할 수 있는 최선을 다했다는 걸 깨달았지. 결단을 내리는 계기가 되었던 건 우리 아이들의 삶과 미래였어. 부모의 좋지 않은 결혼 생활이 아이들의 삶과 미래에 영향을 미친다는 걸 깨달았을 때지. 부모님은 우리한테 자식만큼 중요한 것은 없다고 가르치셨잖아. 말뿐 아니라 직접 행동으로 본보기를 보여주셨어. 그렇다면 나와 남편은 아이들에게 제대로 된 본보기를 보여주고 있는 걸까?


어머니는 종종 그러셨다.

"아이들은 죄가 없단다. 아이들이 낳아달라고 조른 게 아니잖니. 그러니 아이들에게 줄 수 있는 모든 걸 주거라. 네 자신보다 아이들이 괜찮은지를 먼저 살피렴. 아이들이 미래다."

이 말은 데보라의 가슴에 깊이 남아 있었다. 데보라는 말했다.

"어머니가 옳으셨어. 덕분에 늦긴 했지만 내가 옳다고 생각하는 결론을 내릴 수 있었지."

아버지 역시 현명하셨다. 아버지는 때로 더 큰 기회를 얻기 위해 일신의 안락함을 희생해야 한다고 하셨다.

데보라의 선택이 바로 그랬다. 데보라는 박사학위를 따기 위해서

날마다 왕복 두 시간이 걸리는 거리를 통학했다. 데보라와 남편은 한 노인 주택의 야간 건물 관리인으로 일하기로 했다. 이 일을 하면 무료로 집과 공공시설을 빌릴 수 있었고 음식과 약간의 월급도 나왔다. 그전에 데보라 부부가 살았던 집과 안정되고 보수도 좋았던 직업 등을 생각하면 한참 못한 생활이었다. 데보라는 공부를 계속하는 동안 경제적으로는 바닥부터 시작해야 했다.

"지금 생각해보면 내가 그 3년을 어떻게 버텼나 싶어."

데보라의 말이다. 그러고는 이렇게 덧붙였다.

"그 시기를 극복할 수 있었던 가장 큰 힘은 부모님과 형제들의 지지와 사랑이었어. 시간이 흐를수록 점점 확실해지는 사실이야."

그 후 데보라는 남편과 헤어지는 더 힘든 고비를 겪었을 때도 이와 비슷한 말을 했다.

"내가 바닥까지 내려갔을 때, 사실 나는 여러 번 그런 상황을 겪었잖아. 그런데도 가족은 어김없이 내게 와주었어. 그래서 그 칠흑 같던 어둠에서 빠져나올 수 있었던 거야."

결국 남편과 이혼한 데보라는 당시 상황을 이렇게 설명했다.

"실의와 비참함 따위는 잊고 아이들을 위해 할 수 있는 최선을 선택했어. 아이들이 고통받아선 안 되잖아. 내 경우엔 제1안은 실패였어. 제2안을 실행해야 할 시점이었지."

데보라는 이혼 후 부모님 집으로 이사했다. 데보라는 집으로 차를 몰고 오던 순간을 결코 잊을 수 없다고 했다.

상처받고 지친 상태였지. 나는 가족과 내 자신을 완전히 실망시켰다고 생각했어. 차에서 내렸을 때 다리가 후들거렸어. 뭘 설명하고 말고 할 만한 힘이 남아있나 싶을 정도였어. 가족 누구도 내가 그동안 겪은 일을 절대로 모를 거라고 생각했지. 솔직히 그 모든 고통을 말하고 싶지도 않았어. 아무 말 하지 않아도 누군가 나를 이해해주었으면 했어. 그때 어머니가 팔을 벌려 나를 맞아주셨지. 어머니는 나를 꼭 껴안으셨어. 난 흐르는 눈물 때문에 어머니를 꼭 안아드릴 수가 없었어.

"죄송해요. 저는…… 도저히 그대로 있을 수가 없었어요…….."

"엄마가 생각했던 것보다 잘 버텨줬다."

어머니가 귀에 대고 속삭여주셨지.

"전혀 부끄러워할 필요 없단다. 고개를 꼿꼿이 들고 나아가라."

"제가 어떻게 살았는지 아세요?"

내가 흐느끼며 울었어.

"어떻게 아세요? 모든 걸 감추려고 애썼는데."

어머니는 나를 다시 껴안으며 말씀하셨어.

"자식이 불행한데 그걸 모르는 엄마가 어디 있겠니? 진작부터 알고 있었고말고."

감전이라도 된 것 같았어. 어머니의 말이 내 몸속을 뚫고 지나가는 것 같았지. 내 어머니는 모든 것을 알고 계셨어. 나는 어떤 말도 할 필요가 없었지. 어머니는 이미 내 고통을 공감하고 계셨으니까. 나는 계속 눈물을 흘렸고 어머니는 나를 꼭 안아주셨어. 마치 열

살짜리 꼬마로 돌아간 것 같았지. 어머니 품이 어찌나 편안하던지 내 삶이 앞으로 나아질 거라는 확신이 절로 들었어.

그날 이후로 데보라는 어떤 상황에서든 부모님의 지지가 얼마나 큰 힘이 되는지를 깨달았다. 사실 데보라는 아버지의 충고와 오빠들의 경고를 무시하고 결혼했다. 하지만 가족들 중 누구도 옳고 그름을 따지지 않았다. 우리에게 중요한 것은 가족 중에 누군가가 상처받고 힘들어한다는 사실이었다. 우리는 잘잘못을 따지지 않고 데보라를 돕기 위해 최선을 다했다.

"부모님이 내가 그동안 겪은 일을 훤히 알고 계신다는 사실을 그제야 깨달았지. 하지만 두 분이 나서서 결혼 생활을 접으라고 부추기신 적은 없었어. 대신 결혼을 유지하고 싶은 한은 인내하고 이해하며 상황을 뚫고 나가라고 격려해주셨지. 하지만 내가 결혼을 끝내야겠다는 선택을 한 순간 두 분은 나를 응원해주시고, 내 결정을 존중해주시고, 그런 결정을 할 수 있을 만큼 강해지도록 격려해주셨지. 내가 홀로 새로운 삶을 시작하려 할 때 가족 모두가 나를 지지해주고 힘이 되어주었어."

홀로 아이를 키운다는 것은 쉽지 않다. 데보라에게 가장 힘들었던 일도 남편의 공백을 메우며 두 부모 역할을 해야 한다는 것이었다. 데보라는 자식들이 필요로 하는 모든 존재가 되려고 했다. 보육자, 엄격한 교사, 정신적인 지도자, 선생님, 간호사, 친구, 상담자, 부양자, 요리사, 세탁부 등 아이들이 필요로 하는 것이면 무엇이든.

또 하나 큰 어려움은 경제적인 것이었다. 독립한 성인으로 데보라는 스스로 남한테 손을 벌리는 걸 용납하지 못했다.

"내 태도는 분명 잘못되었어."

지금은 데보라도 잘못을 시인한다.

"자존심이 강했어. 남한테 도움을 청하기에는 너무 오만했지."

프레드 형은 데보라에게 만약 반대 상황이 벌어진다면 데보라도 가족 중의 누군가를 돕기 위해 최선을 다할 것이라고 말했다. 물론 데보라도 알고 있었다. 그런데도 여전히 손 벌리기를 망설였다.

"도와달라고 손 벌리는 건 너무 싫어. 지긋지긋하다고."

데보라가 말했다.

프레드 형이 데보라의 쓸데없는 자존심을 꺾는 한마디를 던졌다.

"우리는 너한테 주는 것이 결코 지겹지 않아."

데보라가 도움이 필요한데도 가만히 있었다는 걸 알 때마다 가족들은 데보라를 심하게 꾸짖었다. 물론 우리 가족의 다음과 같은 신념을 실천하고 상기시키면서 말이다.

무엇보다 가족이 먼저다. 가족이 곤경에 처하면 모두가 돕는다. 우리는 서로를 돌본다. 가족은 가장 중요한 존재이니까.

프레드 형은 데보라와 가장 가까운 상담자였다. 형은 정기적으로 데보라에게 직접 쓴 카드며 자질구레한 장신구 같은 것을 보내 용기를 북돋웠다.

"내 문제들 때문에 항상 울고 흐느끼면서 오빠랑 대화를 했지. 눈물을 보이지 않고 큰오빠랑 대화를 할 수 있으면 얼마나 좋을까 하고 생각했던 기억이 생생해."

데보라가 그때를 회상하면서 한 말이다.

당시 프레드 형은 스스로도 경제적인 문제를 안고 있었다. 개원한 치과 병원이 거의 문을 닫을 지경이었다. 하지만 자기가 어렵다고 해서 동생을 돕는 일을 게을리하지는 않았다. 형은 성심을 다해 데 보라를 지원하고 격려했다. 형은 차분하고 사려 깊은 사람으로 쉽게 흥분하는 성격이 아니었다. 데보라가 얼마나 자주 우는가, 데보라가 얼마나 자주 불평을 하는가 따위는 문제가 되지 않았다. 프레드 형은 귀찮아하는 법 없이 항상 데보라의 말을 경청했다.

데보라는 또한 이런 얘기도 덧붙였다.

래리 오빠는 큰오빠와는 대조적이었지. 래리 오빠는 프레드 오빠 같은 차분함은 없었어. 하지만 경제 문제에서는 천부적인 재능을 가진 사람이었지. 오빠는 내가 처한 경제적인 어려움을 하나하나 해결하고 극복하는 방법을 훤히 알고 있는 것 같았어. 경제적인 도움을 받는 데 신물이 난 나는 돈을 더 달라고 하느니 차라리 전기를 끊는 쪽을 택했지. 나와 두 아이, 유진과 토냐는 바닥에서 잠을 잤어. 침대를 살 돈이 없었거든. 정말이지 그때는 누구한테도 도움 따위를 요청하고 싶지 않았어.

우리 식구가 바닥에서 자고 전기가 사흘 동안 끊겼다는 것을 알고는 형제들 모두 화를 냈어. 래리 오빠를 비롯해서 몇몇 형제들은 화가 난 나머지 내게 심한 말을 하기도 했지. 아파트에 먹을 것이 하나도 없는 것을 보더니 더욱더 분개했어.

　도움을 청하지 않아 여러 번 혼이 난 뒤에야 데보라는 마침내 고집을 꺾고 우리를 찾아오기 시작했다. 하지만 이번에는 그것이 데보라에게 독이 되었다. 예기치 못한 상황이었다.
　데보라는 이렇게 설명했다.

　일단 도움을 요청하기 시작하니까 혼자서는 아무것도 할 수 없는 덫에 빠진 기분이었어. 형제들에게 의지하기 시작했던 거야. 너무 의존적이 되어갔어. 그때 래리 오빠가 삶을 바꿀만큼 중요한 교훈을 가르쳐주었지. 물론 가슴 아픈 교훈이었지만 말이야.
　래리 오빠와 베티 언니는 경제적으로 많은 지원을 해줬어. 어느 날부터인가 나는 도움을 받는 데 안주하기 시작했어. 오빠로부터의 도움을 당연하다는 듯 기대하게 되었지. 그런 태도는 과거 자존심을 내세우면서 도움을 거절했던 것만큼이나 위험한 태도였어. 어느 날 래리 오빠한테 가서 돈을 좀 달라고 했어.
　"없다."
　나는 방금 오빠에게 들은 말을 믿을 수가 없어서 오빠를 가만히 쳐다봤지.
　"하지만 오빠는 항상……."
　"너는 베티와 나한테 의존하고 있어. 그건 너한테 좋지 않아."
　오빠가 좀 더 설명을 하자 나는 울기 시작했어. 물론 오빠 말이 옳다는 건 알고 있었지만 서러웠어. 오빠 말대로 나는 남한테 의존하고 스스로 자립하려는 노력은 전혀 하지 않았지. 그 후로 나는 가족 중에 누구한테도 경제적인 도움을 요청하지 않았어. 래리 오빠의 거절은 딱 필요했던 순간에 가해진 충격 요법 같은 거였지. 물론 그런 말을 들어야 한다는 게 고통스럽긴 했지만 말이야. 오빠의 말과 태도가 나를 가슴 아프게 했다는 걸 오빠도 잘 알았어. 그래서 오빠와 베티 언니는 내 마음의 상처를 치유해주고 내가 무력감에 빠지지 않도록 배려해주었지.

래리 오빠는 손위 형제였을 뿐 아니라 진정한 친구이기도 했어. 오빠는 내가 부모님의 가르침을 새로이 되새기게 했지. 하나님은 스스로 돕는 자를 돕는다. 스스로 할 수 있는 일을 다른 사람이 대신해주기를 바라서는 안 된다. 우리 가족은 정말 최고의 친구였어.

데보라의 아이들은 이혼 후의 삶에 큰 힘이 되어주었다. 하지만 박사과정을 마치는 데는 불리하게 작용했다. 종종 데보라는 논문에 필요한 데이터 입력이나 데이터 분석 등을 하는 동안 아들과 딸을 연구실에 데려가야 했다. 데보라가 일하는 동안 아이들은 옆에서 잠을 자기도 했지만 가끔은 아들인 유진(당시 여덟 살이었던)이 옆에서 간단한 일을 거들었다. 데이터를 불러주거나 입력해주거나 재차 확인해주는 일이었다. 그렇게 아이들은 어린 나이에도 가족의 소중함과 원칙을 이미 깨치고 있음이 분명했다. 누군가 곤경에 처하면 모두가 도와주고 서로를 돌본다. 왜냐면 가족은 가장 소중한 것이니까.

그래도 데보라의 지도 교수는 잠시 쉴 것을 제안했다.

"일단 돌아가서 생활이 좀 안정되고 아이들이 자란 다음에 논문을 끝내도록 하게."

"아니요. 지금 바로 끝내겠습니다."

데보라의 의지는 확고했다. 그리고 최고의 실력을 갖춘 경쟁자들과 겨루기 위해 오히려 스스로를 다잡았다.

마침내 데보라는 치열한 경쟁을 물리치고 연방 정부의 자금 지원을 받는 연구비를 따냈다. 구술 발표도 무사히 마쳤고 급우들 중에 누구보다 빨리 박사학위를 받았다.

보통 박사과정 준비자들이 4년 걸려서 학위를 마무리하는데 데보라는 3년 만에 학위를 땄다. 그것도 학교에서 제공하는 주택에서 살고 아르바이트를 하고 두 아이를 키우면서 말이다. 항상 놀라운 능력을 보여주던 내 동생다운 모습이었다. 정말이지 데보라가 박사학위를 땄을 때는 내가 땄을 때만큼이나 뿌듯했다.

지금 데보라는 탐파에 있는 사우스플로리다대학에서 특수교육학과 교수로 재직하고 있다. 또한 데보라는 동기부여 전문 강사로도 명성을 얻었다.

데보라만이 아니라 다른 가족들도 모두 감당하기 힘든 상황들을 겪었다. 나도 뇌종양으로 고생하긴 했지만 마이클의 몸 상태도 나못지않게 심각했다. 마이클이 평소 당뇨가 있었고 심각한 합병증으로 신부전증을 앓았다는 이야기는 이미 했다. 1991년부터 마이클은 투석을 받게 되었다. 병을 앓으면서도 마이클처럼 잘 견디기는 쉽지 않은 노릇이다. 나는 마이클이 불평하거나 스스로를 비참해하는 말은 들어본 적이 없다.

거의 10년 가까이 마이클은 투석을 받으면서도 정상적으로 일을 했다. 어떻게 그렇게 할 수 있었는지 신기할 따름이다. 한 번에 서너 시간이 걸리는 투석을 1주일에 두세 번은 받아야 했으니 말이다. 더욱이 직장에서 마이클은 1주일에 너댓 번은 출장을 다녔다. 그것도 미주리, 앨라배마, 캘리포니아, 조지아, 플로리다, 노스캐롤라이나, 사우스캐롤라이나, 버지니아 등 전국을 누비면서 말이다. 만약 출장 기간에 투석을 받아야 할 때가 되면 출장을 간 도시에서 별도로 예약을 해야 했다.

한번은 하와이에서 열린 회의 중간에 투석을 받기로 예약을 했다. 그런데 막판에 호놀룰루에 있는 병원 직원이 투석을 해줄 수 없다는 통보를 해왔다. 마이클은 병원과 소모적인 논쟁을 벌이기보다 로스앤젤레스로 가는 항공편을 예약했다. 로스앤젤레스 도착 후 두 시간이 지나 마이클은 투석을 받았다. 그리고 저녁에 다시 비행기에 올랐다. 회의를 마무리하기 위해 호놀룰루로 돌아가는 것이었다.

마이클의 병세가 심각했는데도 마이클이 맡은 부서가 회사에서 판매 실적이 가장 좋았다. 어떤 상황에서도 마이클은 긴장을 늦추지 않았고, 그걸 핑계 삼아 회사일을 대충하지도 않았다.

"좀 쉬엄쉬엄하지 그러니?"

내가 언젠가 물은 적이 있다. 나는 신병을 이유로 한 은퇴를 권하기도 했다. 하지만 내가 내 동생에 대해 잠시 잊었던 게 있었다. 마이클 역시 우리 부모님의 아들이었다. 따라서 육체적으로 최악의 상황을 겪으면서도 계속 나아가야 한다는 강단을 꺾지 않았다.

'계속 나아가라'는 우리 집 모든 아이들의 모토였다. 우리는 항상 실패에 대비한 대안을 갖고 있었으며, 이 또한 가정에서 시작되었다.

절약과
절제

# 돈의 귀중함을
알게 하고
올바른 경제관념을
심어줘라

"돈이 있다고 해서
모두 써버리지 말고 저축해라.
항상 일부는 남겨두어라."

식구는 많은 데다 아버지의 수입은 많지 않았으므로 우리가 불우하게 자랐을 것이라고 생각할지 모르겠다. 하지만 나를 포함해서 형제들 중 누구도 그런 생각을 하지 않았다. 이는 우리가 어린 시절에 배운 가장 귀중한 교훈 중의 하나다. 물론 형제들 중 누구 하나도 각자의 가정을 꾸리기 전까지는 명확하게 표현하지 못했지만 말이다.

"아이들이 사랑받고 있다고 느끼면 얼마나 많은 것을 가졌는가는 그리 중요하지 않다."

그렇다고 돈이 중요하지 않다는 의미는 아니다. 돈은 중요하다. 우리 부모님은 적은 수입이라도 매우 꼼꼼하게 관리하셨다. 하지만 많이 소유하느냐 아니냐가 우리 집에서 문제가 된 적은 없다.

아버지가 우리들이 이해해줬으면 했던 교훈 중의 하나는 적은 돈의 소중함이었다. 집안일을 도맡은 메이벌을 제외하고는 우리 형제자매들은 자라면서도 모두 밖에서 일을 했는데 시간제 아르바이트라도 하면서 돈을 벌었다. 또한 자기가 번 돈을 책임지고 잘 관리하라는 가르침도 받았다.

처음 아버지께 돈 관리에 대한 가르침을 받았을 때 나는 불공평하다는 생각을 했다. 내가 아버지에게 화가 났던 몇 번 안 되는 경험 중의 하나가 돈 때문이었다.

프레드 형과 내가 막 10대가 되었을 때 우리는 잔디 깎는 일을 해서 돈을 벌었다. 아버지는 잔디 깎는 기계의 날을 날카롭게 갈아주셨고 우리는 나갈 준비를 했다.

"한 가지 말해둘 게 있다. 너희가 버는 돈의 반을 나한테 가져다주지 않겠니?"

"반이나요?"

내가 믿기지 않아서 물었다.

"그러면 우리한테 남는 게 별로 없잖아요."

"왜 반을 달라고 하세요?"

예상치 못했던 말이었는지라 연달아 여러 번을 물었다.

"방값과 식비로 받는 거다."

아버지가 평소 때 같은 어조로 말씀하셨다.

"하지만 아빠는 우리 부모님이잖아요."

아버지의 말에 프레드 형이 차분하게 말했다.

"저흰 방값과 식비를 낼 필요가 없어요."

"너희는 이 집에 살고 있다. 맞지? 그리고 밥도 먹지. 안 그러냐? 내가 그 비용을 대지 않으면 너희가 대야 한다."

아버지의 결론이었다. 우리는 오전 8시에 나가 12시까지 일해서 12달러를 벌었다. 당시로서는 큰돈이었다. 우리는 항상 번 돈을 똑같이 나눴다.

첫날 일이 끝나자 우리는 반을 아버지의 몫으로 남겨두었다. 결국 우리 두 사람 몫으로 남은 것은 6달러였다. 어쨌든 어린 우리한테는 무척 큰돈이었다. 그런 돈을 직접 벌었다는 사실에 신이 났다. 우리는 남은 돈에서 각자의 몫을 가지고 할인매장으로 갔다. 형은 오렌지 사탕을 몇 개 사고 나는 초콜릿을 샀다. 집으로 돌아오면서 각자 산 것을 먹기 시작했다.

우리가 도착했을 즈음 아버지는 이미 집에 와계셨다. 나는 앞장서서 뛰어들어가 얼마나 멋진 하루를 보냈는가를 늘어놓기 시작했다. 아버지는 분명 그때 내 입 안에 가득한 초콜릿을 보셨을 것이다.

"그래, 그 돈으로 뭘 했니?"

형이 우리가 돈을 어떻게 나눴는지를 말하고, 아버지에게 6달러를 내밀었다.

"우리가 뭘 샀는지 보세요."

형이 아버지에게 오렌지 사탕을 내밀었다. 아버지는 잠시 우리를 쳐다보셨다.

"얘들아, 그 사탕을 이리 주렴."

형과 나는 아버지가 다른 형제들을 부르는 동안 서로를 멀뚱멀뚱 쳐다보고 있었다.

"이리 와서 프레드와 래리가 뭘 사왔는지 보렴."

아버지는 사탕을 모두 동생들에게 나눠주셨다. 그리고 형이나 나에게는 더 주시지 않았다.

"얘들아, 너희가 밖에 나가 힘들게 일해 돈을 번 것은 참 잘한 일이다. 하지만 그 돈을 너희만을 위해 쓸모없는 물건을 사는 데 쓴 것은 잘못된 일이다."

아버지는 그렇게만 말씀하시고 가버리셨다.

"불공평해요."

내가 따지고 들었다.

"형과 내가 번 돈이니까 우리는 그 돈을 맘대로 쓸 수 있는 권리가 있다고요."

아버지가 발걸음을 멈추고 돌아보셨다.

"그 말도 어느 정도는 맞다. 하지만 너희는 돈을 낭비했어. 옷이나 책 같은, 보다 가치 있는 것을 사기 위해 돈을 저축해야 해. 사탕 하나쯤은 괜찮아. 하지만 돈을 전부 그렇게 써버려서는 안 된다."

"그래도 불공평해요."

"너희는 열심히 일했지만 너희만을 위해 일한 것이 아니야. 그래서 캔디를 동생들에게 나눠준 거다."

나는 더 이상 아무 말도 하지 않았다. 더 해봤자 이로울 게 없다는 걸 알았다. 그래서 다음번에 돈을 받고는 염가 판매하는 가게에 가서 셔츠를 하나 샀다.

"보세요, 아빠."

우리는 집에 가서 자랑스레 말했다.

"이번엔 셔츠를 샀어요."

아버지가 셔츠를 보시고는 말씀하셨다.

"좋다, 얘들아. 적어도 노력을 했으니까."

셔츠는 정말 저렴했다. 미처 몰랐지만 처음 빨래를 하자마자 빛이 바랠 정도로 싼 것이었다. 하지만 아버지는 우리가 사온 것을 보고 단박에 아셨던 모양이다.

어머니는 당시에는 아무 말씀도 하지 않으셨다. 다만 세탁기에서 꺼낸 옷을 보시고서야 말씀하셨다.

"이제 뭔가 배운 게 있을 거다. 그래서 너무 싼 것을 사면 안 되는 거란다. 오래 쓸 수 있는 뭔가를 사야지."

쉽지 않은 가르침이었다. 하지만 우리는 이 일로 돈을 어떻게 써야 하는지를 배웠다. 우리는 다시는 돈을 낭비하지 않았다.


우리 집은 돈이 많지 않았으므로 옷이 아이들의 수에 비해 적었다. 하지만 그것으로 충분했다. 형과 나는 가장 큰 아이들인 데다 체격도 비슷했으므로 항상 새 옷을 가졌다. 그러고는 쌍둥이에게 입던 옷을 물려주고, 종종 다이피어드에게까지 물려주기도 했다. 어머니가 사오신 옷을 보면 정말 튼튼해 보였다.

어머니가 우리에게 옷을 만들어주신 방식도 흥미로웠다. 우리 형제들은 각자 교회에 신고 갈 신발 한 켤레와 학교 가고 놀 때 신을 신발 한 켤레씩을 갖고 있었다. 신발을 닦고 옷을 걸어놓는 것은 각자의 책임이었다. 우리 형제들은 많은 것을 함께했지만 이 일만은 완전히 개인의 몫이었다. 우리는 항상 자신의 물건을 정리하는 데 신경을 썼다.

여름 방학이 끝나갈 무렵, 그러니까 학교로 돌아갈 날이 머지않은 어느 날이었다. 아버지는 형과 나를 식탁으로 부르셨다. 그러고는 지폐와 동전이 섞인 작은 돈 무더기 두 개를 내놓으셨다.

"자, 너희가 방값과 식비로 나에게 줬던 돈이다."

우리는 멍하니 돈을 바라봤다. 생각했던 것보다 훨씬 많았다.

"이건 너희 돈이다. 이제 교훈을 하나 새겨라. 돈이 있다고 해서 모두 써버리지 말고 저축해라. 항상 일부는 남겨두어라."

그 돈을 우리에게 건네시면서 아버지는 미소를 지으셨다.

"이번 여름 방학에 돈이 없어서 못한 것이 있니?"

"아니요."

내가 인정했고 형도 마찬가지였다.

"그렇다면 너희가 교훈을 얻었기를 바란다."

우리는 정말로 교훈을 얻었다. 나는 지금까지도 그 원칙에 따라 살고 있다. 일부를 저축하고 나머지로 먹고산다. 이런 원칙은 나에게도 유용했고 다른 형제자매들에게도 마찬가지였다.

나중에 쌍둥이가 처음 밖에 나가 돈을 벌어왔을 때도 아버지가 똑같이 하셨다는 이야기를 들었다. 방값과 식비로 번 돈의 반을 내놓으라고 하셨던 것이다. 쌍둥이도 8월에 아버지가 모은 돈을 돌려주셨을 때 형과 나처럼 흥분했다.

내가 아는 한 아버지는 훌륭한 예산 집행가요, 빈틈없는 소비자셨다. 어렸을 때 어머니가 식료품점에서 돈을 쓰는 것을 보고 우리는 어머니가 돈을 많이 쓰신다고 생각했다. 하지만 좀 더 커서 아홉 아이들을 먹이고 입히면서 빚을 지지 않고 살려면 얼마나 많은 돈이 드는지를 알게 되자 우리가 얼마나 현명한 어머니를 뒀는가를 실감했다. 어머니가 어떻게 그렇게 적은 돈으로 열한 식구 살림을 꾸리셨는지 신기하기만 하다.

대학에 들어가서야 깨달은 게 또 하나 있다. 어머니가 자신을 위해서는 돈을 쓰신 적이 없다는 사실이다. 항상 우리를 위해서만 돈을 쓰셨다. 빨래를 하면서 본 어머니의 속옷은 어느 것 하나 성한 것이 없었다. 모두 해지거나 낡은 것들뿐이었다. 입을 수만 있으면 어머니는 새것을 사지 않으셨다. 그때 당시 나는 너무 어리고 자기중심적이었다. 그래서 어머니가 왜 새 속옷을 사지 않는지를 이해하지 못했던 것 같다.

아홉 아이를 데리고 두 분이 이룬 모든 것을 찬찬히 생각해보면 놀라울 뿐이다. 나는 자식이 겨우 둘인데도 자식 키우기가 얼마나 어려운가를 뼈저리게 통감하고 있는데 말이다.

어느 해 여름 형과 내가 둘 다 자전거를 사고 싶어했던 때가 기억난다. 물론 우리는 둘이 열심히 일해도 두 개를 살 만큼 충분한 돈을 벌기 힘들다는 것도 알았다. 우리는 특별한 종류의 자전거를 원했다. '시어즈'에서만 만들어 판매하는 것으로 긴 비탈길을 내려가기 좋게 설계된 것이었다. 아버지를 설득해 함께 시어즈 대리점에 가서 자전거를 살펴보았을 때 거의 흥분하다시피 했다.

아버지도 꽤나 마음에 들어 하셨다. 우리 비위를 맞춰주려고 마음에 드신 척한 것은 분명 아니었다.

"그런데 문제가 하나 있구나. 가격이 너무 비싸다."

"저희가 공부도 열심히 하면서 여름 내내 잔디를 깎으면 사도 되나요?"

내가 물었다.

"우리 둘 다 공부도 열심히 하고 번 돈도 저축할게요."

형이 덧붙였다.

아버지는 동의하셨지만 이렇게 말씀하셨다.

"자전거가 너무 비싸서 나는 돈을 보태줄 수가 없다. 그러니 아빠한테 의지할 생각은 마라."

"알겠어요."

내가 자신 있게 대답했다. 형과 나는 아버지가 자전거를 사는 데 돈을 모으도록 허락해주신 것에 흥분했다. 우리는 꼼꼼하게 계획을 짜고, 여름에 얼마나 많은 잔디를 깎아야 하는지를 계산했다.

형과 나는 애초 약속한 대로 끈기 있게 일을 했을 뿐 아니라 공부도 오히려 더 열심히 했다. 아버지는 그런 우리를 칭찬하셨다. 여름이 끝나갈 무렵, 우리는 자전거를 살 만큼 돈을 모았다. 자전거를 갖는다는 사실에 너무 흥분해서 한 대를 나눠서 써야 한다는 것은 개의치 않았다. 아버지께서 시어즈 판매점으로 가셔서 자전거를 싣고 오셨다. 하지만 차에는 한 대가 아닌 두 대가 실려 있었다.

"두 대네요?"

형이 깜짝 놀라 물었다. 내가 뭐라고 하기도 전에 아버지가 방긋 웃으셨다. 그러고는 우리에게 한 대씩 주셨다.

"열심히 하면 좋은 일이 생기는 법이지."

형과 함께 두 대의 자전거를 바라보던 그때가 어린 시절 가장 행복했던 순간 중의 하나다.

나는 자전거를 좀 부주의하게 다뤘다.

"조심해서 다루거라."

아버지가 몇 번 경고하셨다.

"조심하지 않으면 금방 고장이 날 거야."

"네, 조심해서 다룰게요."

당시 나는 자전거를 가졌다는 사실이 너무 행복해서 뭔가 나쁜 일이 일어날 수도 있다는 건 생각조차 안 했던 것 같다.

아버지는 더욱 차분하고 단호한 목소리로 덧붙이셨다.

"2주 동안 자전거가 고장 나지 않게 다루나 살펴보마."

"걱정 마세요, 아빠! 정말 조심해서 다룰 거예요. 너무너무 좋은 자전거잖아요. 절대로 고장 나게 하지 않을래요."

아버지가 말한 2주의 마지막 날, 친구들 몇 명과 자전거를 타고 비탈길을 경주하며 내려가고 있었다. 친구 중 한 명이 내 바로 앞에서 갑자기 방향을 틀었다. 나는 친구와 충돌했고 내 자전거는 앞바퀴가 찌그러지고 말았다. 부끄러운 표정으로 집으로 돌아와 아버지께 사실을 말씀드렸다.

"거 봐라, 내가 말했잖니."

"죄송해요. 좀 더 조심했어야 했는데……."

내심 아버지가 새 바퀴를 사주시거나 망가진 것을 고쳐주지 않을까 기대하면서 짐짓 뉘우치는 기색을 보였다. 그러나 아버지는 내 속내를 알아채신 것 같았다.

"아빠 네 자전거를 고쳐주지 않을 거다. 고치고 싶으면 네가 직접 돈을 모아서 지불해라."

"하지만 제 잘못이 아니었어요."

아버지의 말씀에 실망하여 무슨 일이 있었는지를 다시 설명했다.

"애초에 위험한 경주를 하지 말았어야지."

나는 낙담했지만 이번에도 아버지가 옳으셨다. 아버지는 나를 너무나 잘 알고 계셨다. 결국 아버지 말씀대로 나는 돈을 모았다. 그리고 여름이 가기 전에 자전거를 고칠 만큼 돈을 모을 수 있었다. 당연히 그 이후로는 자전거 관리에 훨씬 더 신경을 썼다.


병원을 시작할 때 나는 회계사와 상담을 했다. 회계사는 새 병원을 내려면 약 3,000달러를 대출받아야 한다고 했다. 또 운영 수익으로 경비를 충당하기 전에 최소한 두 달 동안 쓸 경비가 있어야 했다.

나는 대출을 받으러 은행에 갔다.

"담보는 무엇으로 하시겠습니까?"

은행 지배인이 물었다.

"제 의사 면허요. 더구나 나는 페이트빌 출신이고 이제 의사가 되었으니 다른 데로 가지도 않을 겁니다."

내 사업 계획을 설명했으나 끝내 지배인은 대출을 거절했다. 뜻밖의 거절에 충격을 받았지만 내색은 하지 않았다.

결국 베티와 나는 돈을 모아 작은 건물의 계약금을 치렀다. 병원 개업에서 대출이 문제가 되리라는 생각은 해본 적이 없었다. 특히 서글펐던 점은 같은 은행에 간 백인 친구들이 쉽게 대출을 받았다는 사실이었다. 나보다 담보가 좋은 것도 아니었는데 더 많은 액수를 대출받았다. 다른 은행에도 가봤어야 했는데 그때 내가 왜 안 그랬는지 모르겠다.

가족에게 사정을 말하자 아버지가 도우러 오셨다.

"우리 집을 담보로 쓰려무나."

아버지는 내가 돈을 갚으리라는 것을 추호도 의심하지 않으셨다.

"난 걱정하지 않는다. 넌 목표를 이루는 아이란 걸 아니까."

아버지의 도움으로 나는 2년 상환 조건으로 대출을 받을 수 있었다. 일단 대출을 받은 다음 나는 같은 흑인인 지배인에게 말했다.

"돈은 잘 쓰겠습니다. 하지만 당신한테 얘기해둘 것이 있어요 내가 기반을 굳히고 나면 은행에서 오히려 나와 거래를 원하게 될 겁니다. 하지만 여기서 돈을 빌리는 것은 이번뿐입니다."

다행히 병원은 잘되었고 나는 2년 안에 대출금을 모두 갚았다. 나중에 프레드 형이 군복무를 마쳤을 때 아버지는 다시 프레드 형의 병원 개업을 위해 집을 담보로 내놓으셨다. 나 또한 형의 대출을 위해 부동산을 내놓았다. 아버지도 나도 형이 돈을 갚으리라는 사실을 조금도 의심하지 않았다.

우리가 자라는 동안 아버지는 늘 말씀하셨다.

"돈을 빌리면 반드시 갚아야 한다. 갚지 않으면 도둑질을 하는 것과 같아."

나도 몇 번 돈을 빌린 적이 있지만 갚지 않아 문제를 일으킨 적은 없다. 왜 그랬을까? 빌린 돈은 반드시 갚아야 한다는 걸 일찍이 집에서 배웠기 때문이다.

나는 아버지 어머니의 자식이다. 이것은 내가 다른 모든 것과 마찬가지로 돈을 성실하고 정직하게 다룬다는 것을 의미했다.

Chapter

13

명예와
품위

좋은 평판의
진정한 가치를
가르쳐라

"자신의 평판을 소중히 여겨야 한다.
남들이 항상 너를 지켜보고 있다는 사실을 잊지 마라."

　　　　　어머니는 형이 결혼을 하기 전인 대학 2학년 때 일을 즐겨 말씀하신다. 형의 친구 중 하나가 교회에서 우연히 들은 이야기를 전해준 것이다. 몇몇 여자들이 둘러서서 이야기를 하는데 누군가가 형의 약혼에 대해 이야기를 하더라는 내용이었다.

"혹시 여자가 임신했나?"

한 여자가 물었다.

"아니야."

두 번째 여자가 말했다.

"정말? 네가 어떻게 알아?"

친구가 물었다.

"내가 아는 프레드는 절대 그럴 사람이 아니야."

형의 편을 들던 여자는 형이 예전에 사귀던 여자 친구였다.

어머니는 이 이야기를 하시고는 항상 이렇게 덧붙이신다.

"봐라, 올바르게 살면 사람들이 다 안단다. 과거의 평판은 항상 너를 따라다니는 법이니까."

우리 형제들 중에 누구도 고등학교 때 데이트를 즐겨 하지 않았다. 그래도 프레드 형은 여자들에게 말을 잘 붙이는 편이었다. 반면 나는 조금 수줍은 면이 있었는데 그만큼 학업에 집중했기 때문이기도 하다. 나는 사교적인 생활을 잘 하지 않았고 파티에도 가지 않았다. 그런 것에 반대해서도 아니고 가는 것이 어색해서도 아니었다. 다만 크게 흥미가 없었기 때문이다. 물론 여자들과 어울려 다닐 만큼 돈이 풍족하지 않았던 것도 사실이다.

또 다른 이유는 임신이나 질병 같은 문제에 말려든다는 점이었다. 나는 그런 상황을 만들고 싶지 않았다. 친구들이 모두 데이트를 한다고 해서 무작정 그 아이들을 따라 하고 싶은 생각도 없었다.

우리 형제들은 지금도 가끔씩 '드래곤 미팅'에 대해 이야기를 한다. 데보라가 남자아이들과 데이트를 생각할 만큼 자랐을 때부터 시작한 모임으로 메이벌, 프리다, 루스가 10대가 되었을 때도 모임을 계속했다.

여자 형제들 주변에 새로운 남자아이가 나타날 때마다 아버지는 드래곤 미팅을 소집하셨다. 모임은 이렇게 진행되었다. 아버지와 남자 형제들 모두가 식탁에 둘러앉았다. 그다음 데보라를 부르면 데보라가 와서 식탁에 앉았다. 우리는 데보라의 남자 친구들에 대해서

토론을 하고 데보라가 해도 되는 일과 해서는 안 되는 일을 이야기
했다.

우리는 우리의 지혜를 나눠주고 데보라를 올바른 길로 안내한다
고 생각하여 그 일을 좋아했다. 어떤 아이가 데보라에게 데이트를
신청하면 우리는 그 남자아이에 대해 우리가 아는 것을 이야기하
며 토론을 벌였다. 또 데보라에게 "어디에 갈 계획이냐?", "뭘 할 거
냐?", "언제 들어올 거냐?" 등 짓궂은 질문도 던졌다.

남자 형제들 입장에서 보면 모임은 무척 유쾌했다. 실제로 여자
형제들을 몰래 염탐하기도 했으니까. 그러나 어쨌든 온갖 방법을 동
원해서 여자 형제들을 지켰다. 남자 형제들이 여자 형제들을 돌보는
그런 문화 속에서 자랐기 때문에, 이것이 여자 형제들을 지키기 위
해 본분을 다하는 것일 뿐이라고 생각했다.

아마 상대 남자아이들이 여자 형제들과 데이트를 할 만큼 착한 아
이인지를 확인하고 싶었던 것 같다. 지금 사람들이 보기에는 다소
남성 우월주의처럼 느껴질지도 모르지만 1960년대 후반에 우리는
그것이 마땅히 해야 할 의무라고 생각했다.

드래곤 미팅이라는 단어를 처음 만들어낸 사람은 바로 나다. 당시
는 미국 백인 우월주의 비밀 결사인 '큐클럭스(KKK)단'이 많은 관심
을 받던 시기였다. 그들은 지도자를 그랜드 드래곤 즉, '큰 용'이라고
불렀다. 돌이켜 생각해보면 우리 모임을 드래곤 미팅이라고 했던 것
은 당시 미국 남부의 끔찍한 인종 차별을 조소하는 우리 나름의 방
식이었던 것 같다.

지금 와서 고백하자면 나는 다른 형제들보다 데보라에게 유독 까다롭게 굴었다. 데보라는 고등학교 때 교회에 다니는 남자를 만났다. 그는 육군인데 육군 기지로 배치된 사람이었다.

나는 한 가지 이유 때문에 그 사람을 반대했다. 오토바이를 타고 다녔는데 데보라를 뒤에 태우고 다녔던 것이다. 나는 '오토바이는 위험해'라고 내 태도를 합리화했다. 어쩌면 잔소리하는 엄마처럼 보였을지 모르지만 나는 정말로 데보라를 걱정했다. 오토바이 뒤에 탄 데보라를 볼 때마다 떨어지거나 사고라도 나지 않을까 가슴이 조마조마했다.

1972년 여름 예일대학 3학년에서 4학년으로 올라갈 즈음, 데보라가 내 연애 문제를 걱정하기 시작했다. 당시 베테트대학에 다니던 데보라는 나에게 아가씨를 소개해주기로 결심했다. 마침 자기가 다니던 교회에서 멋진 아가씨 한 명을 물색해 둔 터였다.

데보라가 데이트를 해야 한다고 우기는 바람에 나는 할 수 없이 데보라가 있는 그린즈버러에 방문했다. 3학년 마지막 방학을 마치고 예일대학으로 돌아가기 직전이었다.

캠퍼스에 도착한 지 몇 분도 안 되어 젊은 아가씨가 길을 건너는 것을 보았다. 아가씨와 데보라가 서로 손을 흔들었다.

"누구야?"

내가 물었다.

"아, 베티 미첼이야. 대학 후배."

"저 애랑 만나고 싶어."

"내가 오빠한테 소개하려던 애가 아닌데."

"나는 베티를 만날 거야."

그전까지 내가 워낙 여자 만나는 것을 내켜하지 않았기 때문에 데보라는 더욱 놀랐을 것이다. 데보라는 베티를 불러 내게 소개해주었다. 나는 베티를 보자마자 첫눈에 반했다.

'바로 이 여자야!'

나는 속으로 중얼거렸다.

'내 아내가 될 사람이야.'

베티는 수줍음이 많았다. 나중에야 베티가 남자랑 사귀기는커녕 데이트를 해본 적도 없다는 걸 알았다. 나는 지금도 베티와의 만남을 하나님의 축복이라고 생각한다. 더구나 나는 숫기가 없어 혼자서 여자애에게 말을 걸 주변이 못 되었다. 그날 데보라가 우리를 소개해주지 않았다면 나는 베티에게 말 걸 엄두도 내지 못했을 것이다.

베티와 나는 그날 저녁 롤러스케이트를 타고 약간의 대화를 나눴다. 아주 가볍고 일상적인 대화였다. 링크를 돌 때 내가 베티의 손을 잡았다. 나는 처음 데이트를 시작한 소년 같았다. 그러면서도 속으로 '바로 이 여자야' 하는 말을 반복했다.

나중에 나는 데보라에게 베티가 얼마나 마음에 드는지를 털어놓았다. 좋아하는 사람에 대한 이야기를 끝도 없이 재잘대는 열다섯 살 소년이 된 기분이었다. 당황해서 실수했던 것들도 이야기했다.

"마음의 평정을 잃었던 것 같아. 일방통행로에서 엉뚱한 방향으로 차를 몰았다니까."

데보라는 웃음을 터트리면서도 베티가 특별한 사람이라는 데는 동의했다. 데보라가 보기에도 나는 수줍고 조용한 오빠였다. 그런 내가 흥분해서 한 소녀에 대해 주저리주저리 말하고 있는 것이다. 전에는 결코 없었던 일이었다.

주말에 베티와 헤어질 때 내가 물었다.

"내가 전화해도 되겠니?"

베티는 고개를 가로저었다. 이유도 말해주지 않은 채 그저 거절했다. 내가 운전을 엉터리로 해서 그런 건지 아니면 맘에 안 드는 것인지 궁금했다. 쉬이 낙담하기보다는 베티에 대해 좀 더 알아가기로 마음먹었다.

학교로 돌아가자마자 베티에게 편지를 썼다. 베티가 답장을 했고 몇 차례 편지를 주고받았다. 당시에는 내가 사랑에 빠졌는지 몰랐다. 다만 내 머릿속에서 베티 미첼을 지워버릴 수 없다는 사실만은 확실했다.

마침내 나는 구실을 만들어 데보라를 다시 찾아갔고 물론 베티도 만났다. 내가 맨 처음 했던 질문은 이랬다.

"내가 전화해도 되겠니?"

편지를 몇 번 주고받았으므로 이번에는 괜찮겠지 생각했다.

베티가 고개를 가로저으며 말했다.

"난 아직 진지하게 사귈 준비가 안 됐어."

나는 미소를 지으며 "알았어" 하고 대답했다. 베티를 좋아하니까 언젠가는 베티에게서 확답을 받아내겠다고 결심했다.

나는 항상 베티 이야기를 했다. 집에 올 때마다 마음속에는 베티에 대한 생각이 가득했다. 처음에는 내가 베티에 대해 그렇게 많이 말한다는 걸 알지 못했다. 하지만 형제들은 알고 있었다. 그래서 나를 놀려댔다.

"아니, 아가씨한테 열 올리고 있는 이 사람이 우리 형 래리 맞아?"

어머니와 아버지도 믿기시지 않는 모양이었다. 프레드 형은 내가 완전히 "푹 빠졌다"고 말했다.

나는 그런 놀림에 개의치 않았다. 그때쯤에는 나도 사랑에 빠졌다는 걸 알고 있었다. 그리고 운명이 그녀를 내게 보냈다는 것도 알고 있었다. 베티와 나는 정기적으로 서로에게 편지를 썼다. 그리고 상황이 허락하는 한 자주 데이트를 했다.

베티는 아름답고 총명할 뿐 아니라 뛰어난 학생이었다. 베티는 고등학교에서 졸업생 대표까지 했다. 그랬다. 베티는 딱 내가 좋아하는 타입의 아가씨였다. 대화를 나누면서 나는 베티가 나만큼이나 배움에 강한 의욕이 있다는 사실을 알게 되었다.

하마터면 베티를 잃을 뻔한 적도 있었다. 듀크대학 의대를 다니기 시작한 뒤 부활절 주말에 베티를 보러 갔다. 잘 보이고 싶은 마음에 돈을 모아 새 옷도 샀다. 새 옷을 입은 내가 무척 멋있어 보인다고 스스로 뿌듯해했다.

안식일에 교회에서 베티가 내 동생을 보고 인사를 건넸다.

"오늘 멋지네요, 미첼."

그런데 나한테는 아무 말도 하지 않은 것이다. 내가 새 옷을 입고 있는데도 말이다. 나는 마음이 상했을 뿐 아니라 베티가 나를 그다지 좋아하지 않는다고 생각했다.

주말이 되자 나는 데이트할 생각에 잔뜩 들떠서 베티에게 갔다. 그리고 베티도 선뜻 따라나설 것이라 생각하며 물었다.

"어디 갈까?"

아마 내 말이 베티에게는 우리가 나가는 게 당연하다는 것처럼 들렸던 것 같다.

"안 돼. 갈 수 없어. 공부할 게 있거든."

예상치 못한 대답에 나는 몹시 당황했다. 무슨 말을 해야 할지 몰라 베티 앞에 멍하니 서 있었다. 그러다 베티가 나만큼이나 책벌레라는 사실을 스스로에게 상기시켰다.

오랜 침묵 뒤에 나는 겨우 이렇게 말했다.

"아, 그래. 난 그럼 학교로 돌아가야겠다."

사실 나는 무척 화가 났다. 80킬로미터나 운전을 해서 새 옷을 사 입고 갔는데도 데이트를 거절당했으니까. 그래도 상황을 수습해보기로 마음먹었다. 베티의 기숙사로 전화를 했지만 통화 중이었다. 나는 퇴짜를 맞았다고 생각하며 학교로 향했다.

그 당시에는 몰랐지만 베티는 내가 학교로 돌아가겠다고 말하자마자 자기 방으로 뛰어들어갔다고 한다. 베티도 무척 화가 났던 것이다. 베티는 내가 정말 자기와 함께 나가고 싶다면, 왜 그러느냐고 따지거나 적어도 한 번 더 물어봤을 거라고 생각했다.

그날 일로 베티는 내가 데보라 때문에 자기한테 관심을 가졌을 뿐이라며 실망했다. 비참한 기분에 내 사진을 찢어서 쓰레기통에 던져버리기까지 했다. 그리고 이런 다짐을 했다고 한다.

"다시는 안 만날 거야."


듀크대학으로 돌아갔을 때 비참하기는 나도 마찬가지였다. 주중 내내 베티를 만날 일만 계획하고 준비했는데 말이다. 그날 저녁 베티에게 낙담한 마음을 담은 편지를 썼다.

베티는 편지에 답하지 않았고 그 뒤로 보낸 두 장의 편지에도 답장을 하지 않으며 자신이 관심을 끊었다는 사실을 명확히 했다. 우리는 1년이 흐른 뒤에야 다시 대화를 나누게 되었고 내가 그린즈버러에 방문하기로 했다.

여동생을 만나야 한다는 것을 핑계로 들었지만 방문의 진짜 이유는 따로 있었고 데보라도 이런 내 마음을 알고 있었다. 베티를 마음속에서 지울 수가 없어 큰맘 먹고 방문한 것이지만 정작 우리는 오다가다 잠시 이야기를 나눴을 뿐이었다.

다음 부활절에 베티에게 백합을 보냈다. 그리고 베티가 다시 나에게 말을 하기 시작했다. 이후 3년 동안 학교를 찾아가고 편지를 쓰고 그 외에도 베티의 마음을 돌리기 위해서 그야말로 최선을 다했다. 마침내 베티가 나에게 전화번호를 알려주었다. 그때부터는 여유가 될 때마다 전화를 할 수 있어 좋았다.

이후 4년에 걸쳐 우리는 조금씩 가까워졌고 그제야 베티가 나를 진지하게 생각하기 시작했다. 그리고 마침내 베티는 내 청혼을 받아들였고, 의대 마지막 학기인 1976년 12월 19일에 우리는 결혼했다.

나는 어머니가 우리에게 가르치신 내용을 종종 떠올리곤 한다.

"평판이 좋으면 선택받는 법이야. 좋은 평판이 세상의 온갖 부보다도 값지단다."

어머니는 또한 내가 다른 아이들과 친하게 지내면 이렇게 말씀하시곤 했다.

"명심해라. 자신을 존중하고, 자신의 평판을 소중히 여겨야 한다. 행동이나 말 때문에 나쁜 평판을 얻게 되면 결국은 대가를 치르게 된단다. 남들이 항상 너를 지켜보고 있다는 사실을 잊지 말렴."

어머니는 또 이렇게 말씀하셨다.

"너의 긍정적인 행동 또는 부정적인 행동이 결과적으로 남들한테 어떤 영향을 미칠지는 쉽게 알 수 없는 노릇이란다. 그러니 항상 신중해야 한다."

지금까지도 우리 어릴 적 모습을 아는 사람들은 우리의 훌륭한 행실을 기억하고 우리 가족을 칭찬한다. 이웃과 친구들은 우리 가족을 따라야 할 모범으로 생각했다. 나는 그것이야말로 우리 가족이 공동체에게 남겨줄 수 있는 가장 강력한 유산이라고 생각한다.

# Chapter
# 14

자신감

# 세상의 편견에도
# 기죽지 않는 당당함을
# 갖게 하라

"네 자신을 자랑스럽게 생각하렴.
고개를 높이 들고 당당하게 다니면,
사람들이 너와 네 됨됨이를 존경할 것이다."

부모님은 인종 차별 또는 불평등 반대 운동에 참가하지는 않으셨다. 어머니는 인종 문제보다 훨씬 중요한 것을 우리가 이해하기를 바라셨다. 우리가 여느 사람들만큼 소중하며 평등한 존재라는 사실을 말이다. 설령 다른 사람이 나를 그렇게 받아들이지 않는다 해도.

차별이나 편견은 단지 인종 문제에만 국한되지 않는다. 편견은 어디에나 있다. 사람들은 끊임없이, 때로는 무의식적으로 어떤 부류는 우등하고(말하자면 더 똑똑하고, 예쁘고, 총명하다고) 나머지 부류는 열등하다고 배우며 자란다. 하지만 나는 결코 그렇게 생각하지 않는다. 우리 부모님도 마찬가지시다.

내가 여섯 살이었을 때 그러니까 대형 할인매장 간이식당 의자에 앉았던 그날, 나는 음료대에서 '백인 전용'과 '유색인 전용'이라는 표시를 보았다. 흑인들은 버스 맨 뒷자리 또는 기차 맨 마지막 칸에 타야 했다. 백인들과 같은 대기실을 쓸 수도 없었다. 때문에 흑인은 표를 사러 건물 옆쪽으로 빙 돌아가야 했다.

비가 와도 마찬가지였다. 대합실이 비어 있는데도 흑인들은 밖에서 비를 맞으며 기다려야 했다. 레스토랑 안으로 들어갈 수도 없어서 뒤로 가서 음식을 사야 했다. 흑인이 편히 앉아 식사를 할 공간 따위는 없었다. 여행을 할 때도 우리는 화장실을 이용할 수 없었다. 화장실은 백인 전용이었으니까. 휴가를 갈 때면 어머니는 전날 밤 내내 음식을 준비하고 요리를 하셨다. 흑인을 고객으로 받아주는 모텔은 어디에도 없었다.

아팠을 때 백인 의사한테 진료를 받을 수는 있었다. 하지만 병세가 얼마나 심각한가에 상관없이 의사는 백인 환자를 모두 진료한 후에야 우리를 봐주었다. 우리는 밖에서 기다리거나 별도로 마련된 유색인 전용 대기실에서 기다려야 했다. 우대를 받는 귀하신 환자들에게 멀찌감치 떨어져서 말이다. 가게에 가서 신발이나 옷을 살 때도 같은 상황에 직면해야 했다. 점원은 뒷문에서 우리를 봐주었다.

인종 차별로 인해 실제로 많은 흑인이 자신이 열등하다는 생각을 갖게 되었다. 하지만 우리 부모님은 그런 생각을 허락하지 않으셨다.

"넌 여느 사람들과 다를 바 없다."

두 분 다 여러 번 우리에게 말씀하셨다.

어머니가 이런 말씀을 하신 적도 있었다.

"네가 그 사실을 확실하게 안다면 남들의 무시는 문제가 안 된단다. 절대로 잊지 마라."

부모님은 모든 인종은 평등하다고 가르치셨다. 부모님은 자식들이 가능한 증오와 편견 없이 자라기를 바라셨다.

"못난 사람들 때문에 절대 기죽지 말고, 그런 편견을 받아들이지도 마라."

어머니가 그렇게 말씀하시는 걸 족히 수십 번은 들었을 것이다.

"그들과 사이좋게 지내고 언제나 상냥하게 대해라. 문제 있는 사람은 그들이지 네가 아니란다."

부모님은 한 번도 우리에게 편견을 가지고 행동하신 적이 없다. 다만 주변에서 편견을 보았을 뿐이다. 부모님은 더러 사람들이 우리를 차별한다는 사실을 알고 계셨다. 하지만 백인에 대한 반감을 표시하는 말은 하지 않으셨다.

"몰라서 그러는 것이란다."

두 분 다 무척 강조하셨던 말이다. 부모님의 이런 태도는 놀라운 것이었다. 부모님이 편견 때문에 가슴 아파 하신다는 걸 아는 내게는 더더구나 놀라울 뿐이었다.

독일에서 우리는 군인 주택단지에서 다른 미군들과 함께 살았다. 당시 몇몇 아이들이 우리한테 공연히 화를 내고, 소리 지르고, 욕하고 놀리면서 '검둥이'라고 불렀다. 집에서는 들어본 적이 없는 단어였다.

어느 날 나는 백인 아이들의 말을 듣고 놀라서 집으로 뛰어 들어갔다. 따지고 보면 처음 문제를 일으킨 것은 나이긴 했다. 더러 나는 문제를 일으키고 아이들이 화를 내면 집으로 뛰어 들어갔다. 그날은 형과 내가 둘 다 엄마를 부르면서 도망쳐 들어왔다.

"엄마! 엄마!"

쾅 소리 나게 문을 닫자마자 숨을 헐떡이며 어머니부터 찾았다.

"무슨 일이니, 애야?"

"애들이…… 저랑 형을 '더러운 검둥이 새끼들'이라고 불렀어요."

어머니가 팔을 뻗어 우리를 껴안으셨다.

"괜찮아. 흑인이 아니라 누구라도 검둥이가 될 수 있단다. 누구든 천하고, 열등하고, 속물적인 사람이 될 수 있어. 그런 사람이 검둥이란다. 그러니 흑인이라고 해서 무조건 검둥이가 아니야."

어머니가 우리를 껴안고 계시는 동안 나는 중요한 것을 깨달았다. 사람들은 우리에게 어떤 욕설이든 퍼부을 수 있다. 하지만 내가 그 말을 받아들일 때만 나에게 상처가 될 수 있다.

"몰라서 그러는 거란다."

어머니는 여러 번 말씀하셨다.

"그만큼 어리석기 때문에 그런 말을 하는 거야."

편견을 갖고 나를 대하는 사람 앞에서 분노를 느낄 때마다 늘 어머니의 말씀을 떠올렸다. 그러면 이상하리만치 분노가 가라앉고 차분해졌다.

아파트 단지에 살게 되면 미국 곳곳에서 온 사람들과 마주치게 된다. 다양한 사람이 모이다 보니 편견도 있게 마련이었다. 우리 가족에 대한 편견은 항상 인종 때문만은 아니었던 것 같다. 우리 가족은 달랐다. 그 다르다는 사실이 편견을 불러일으키는 원인이 되었다.

우리는 단지 내에서 가장 식구가 많은 가족이었다. 그것 때문에도 가끔 모욕적인 말을 들었다. 때로 우리가 있는 자리에서 고약한 말을 하는 어른들도 있었다.

"아유, 성생활에 대한 상식을 좀 배워야겠네요."

이렇게 말하며 웃는 여자 분도 있었다. 화가 나서 당장 따지고 싶었지만 부모님은 어른한테 무례하게 구는 걸 용납하지 않으셨다. 그러므로 무례하게 따지지도 않으셨다.

어머니는 우리에게 여러 번 강조하셨다.

"너희가 그런 사람들한테 대들고 버릇없이 군다면, 그들보다 나을 게 없단다. 사람들이 너희한테 아무리 못되게 굴어도 너희는 항상 예의 바르게 행동해야 한다."

어머니와 아버지는 원칙들을 가르치셨을 뿐 아니라 몸소 지키시며 모범적인 모습을 보여주셨다.


부모님의 모범을 따르는 것이 항상 쉽지는 않았다. 편견에 맞닥뜨렸을 때는 특히 어려웠다.

노스캐롤라이나 주에 와서 학교에 다니기 시작했을 때, 1학년 담임 선생님은 피부색이 옅은 편인 흑인이셨다. 그럼에도 흑인에 대해 늘 부정적으로 말씀하셨기 때문에 그분을 생생하게 기억하고 있다.

"백인 아이들은 얼마나 얌전한지 몰라."

자주 그런 말씀을 하셨다. 온통 흑인들뿐인 반에서 누군가 선생님

마음에 안 드는 행동을 할라치면 재빨리 "백인 아이들은 너처럼 버릇없이 굴지 않는단다" 하고 쏘아붙이셨다.

선생님은 우리에게 예의 바른 행동을 가르치는 게 아니라, 백인을 모방하게 하려고 노력하셨다. 한번은 교육위원회 소속인 백인 남자가 우리 학교를 방문했다. 선생님은 창문으로 그를 보고는 우리에게 말씀하셨다.

"모두들 일어서라! 저기 백인 신사 분을 보렴."

우리는 순순히 창문으로 가서 백인을 쳐다보았다.

"저 분 걷는 모습 보이지? 정말 반듯하게 걷지 않니? 자고로 저렇게 걸어야 하는 거야. 그런데 너희는 저렇게 걷지 않는단 말이지."

당시 나는 겨우 1학년이었지만 선생님이 그런 식으로 말하는 것이 속상했다. 부모님은 항상 피부색 때문에 우월하고 열등해지지는 않는다고 강조하셨으니까.

그날도 선생님이 매일이다시피 하는 백인 예찬과 흑인 폄하 발언들을 듣고 어머니에게 물었다.

"너는 여느 사람들과 다르지 않단다. 백인 아이든 흑인 아이든 똑같아. 백인 아이들도 흑인 아이들만큼 버릇없이 굴고 실수도 하지."

어머니는 그렇게 대답하셨다.

지금 생각해보니 당시 어머니는 선생님에 대해 부정적인 말을 하지 않으려고 노력하셨던 것 같다. 어머니는 우리가 선생님을 부정적으로 생각하는 걸 원치 않으셨다. 하지만 인종적인 편견은 내버려두지 않으셨다.

어머니는 내게 말씀하셨다.

"선생님이 잘 몰라서 그런다는 걸 네가 이해해야 한다. 사실 선생님 잘못이 아니야. 그렇게 교육받고 자라서 그런 거지. 누군가가 선생님에게 스스로 백인보다 열등하다고 생각하게 한 것이란다. 흑인과 관련된 것은 뭐든 나쁘고 열등하고, 백인은 우월하다고 생각하게 만든 것이지."

어머니는 마지막으로 "내가 알아서 하마" 하고 말씀하셨다. 어머니는 선생님이 계속 그렇게 말하도록 손 놓고 계실 분이 아니었다.

어머니가 선생님을 몇 번이나 찾아가서 자신의 원칙과 생각을 이야기했는지는 모르겠다. 하지만 선생님이 어느 날부터인가 백인 우월론을 말하지 않았다는 것은 명확하게 기억한다.

그래도 지금까지 그 선생님을 잊을 수가 없다. 도대체 얼마나 많은 학생들이 흑인이 열등하다는 선생님의 편견에 노출되어 자랐을까 싶었다. 그 아이들 모두가 우리 부모님 같은 훌륭한 부모를 갖지는 못했을 테니까.

우리가 여느 사람과 다를 바 없이 훌륭한 존재라는 사실을 끊임없이 상기시키는 부모님 없이 그런 잘못된 편견에 노출된다면 결과가 어떻겠는가?


1학년밖에 되지 않은 어린 나이에 나는 또 다른 편견에 맞닥뜨려야만 했다. 이번에는 상대적으로 눈길을 덜 끄는 은밀한 편견이었다. 같은 해 우리 반에는 다른 교사의 딸이 다니고 있었다. 그 아이가 읽기를 잘했기 때문에 학교 행정관이 아이를 2학년으로 월반시켰다.

그 일로 나는 무척 화가 났다. 분명 그 아이는 잘 읽었다. 하지만 나보다 나은 것은 아니었다.

집에 도착했을 때 나는 울고 있었다. 무시를 당하고 있다고 생각했기 때문이다. 어머니께 사정을 이야기했다.

"나도 그 아이만큼 잘 읽어요. 근데 왜 나는 안 돼요? 내 생각에 걔네 엄마는 선생님인데, 엄마는 선생님이 아니라서 그런 것 같아요."

"무슨 일인지 알아보마."

어머니가 나를 달래며 말씀하셨다. 어머니는 학교에 찾아가셔서 월반에 대해 선생님과 상담을 하셨다. 담임 선생님은 내가 그 아이만큼 잘 읽는다는 걸 인정하셨다. 하지만 교장 선생님은 어깨를 으쓱하며 "그저 그런데요" 하고 말씀하실 뿐이었다.

그러나 어머니는 현명한 분이셨다. 그런 상황에서 화를 내봐야 도움이 안 된다는 것을 아시고 그냥 자리에서 일어나셨다. 어머니가 나를 보더니 안아주시면서 이렇게 말씀하셨다.

"래리, 지금 하던 대로 계속하렴. 넌 똑똑하고 읽기도 잘한단다. 다른 사람이 뭐라고 하느냐는 중요하지 않단다. 그저 최선을 다하기만 하면 돼."

나는 결국 월반을 하지 못했다. 하지만 어머니의 괜찮다는 응원은 내 기분을 풀어주기에 충분했다.

5학년 때 담임 선생님은 나이 많은 백인 여자였다. 그렇지만 내가 무척 좋아했던 분이다. 당시 나는 반에서 가장 똑똑한 아이였다. 글씨 쓰기를 빼고는 모두 A를 받았고 선생님은 자주 나를 칭찬해주셨다. 다만 한 가지 문제가 있었다.

선생님이 몇 번 나아지지 않는 글씨를 지적하셨다.

"손 글씨가 나아지지 않으면 널 우등생 명단에서 빼버릴 거다."

"네, 선생님."

"넌 꼭 의사처럼 보기 힘들게 글씨를 쓰는구나."

내가 그 말을 잊지 않고 생생하게 기억한다는 것도 흥미롭다. 그 어린 나이에도 커서 무엇이 될지를 알고 있었기 때문이 아닐까?


어쨌든 다음 해 6학년이 된 나는 여전히 가장 똑똑한 아이였다. 하지만 젊은 백인 여자였던 담임 선생님은 편견을 가진 분이셨고 재량껏 나에게 B나 C를 주셨다. 조엘 챈들러 해리스의 『브레어 래빗Brer Rabbit』속의 일화들을 읽어주기도 했는데, 이 책은 19세기 후반 백인과 흑인의 전형적인 관계를 다룬 내용이었다.

한번은 인종 차별주의 논쟁을 불러일으켰던 『흑인 꼬마 삼보Little Black Sambo』라는 책을 읽어주셔서 우리를 모욕하기도 했다. 서른 명의 학생들 중에 네 명이 흑인이었다는 사실은 신경도 쓰지 않으셨다.

6학년 담임 선생님에 대해 또 하나 기억하는 것은 흑인을 의미하는 '니그로Negro'라는 단어를 '니그라Niggra'라고 발음했다는 사실이다. '니그라'는 검둥이라는 흑인 비하적인 의미를 지닌 '니거Nigger'라는 단어를 연상시켰다. 선생님이 두 단어의 차이를 설명까지 해줬다는 사실이 나를 더욱 화나게 했다. 하지만 나는 공부에만 최선을 다했다. 굳이 이러쿵저러쿵 말을 하지 않았다. 그저 앞으로 나아가라는 아버지의 가르침을 실천했다.

6학년 담임 선생님의 가장 큰 문제는 시험 점수가 충분히 높은데도 나한테 A학점을 주지 않았다는 것이다. 학기 중간에 5학년 때 담임이셨던 선생님이 내게 근황을 물으셨다. 그리고 아직까지 내가 A학점을 받지 못하고 있다는 사실에 충격을 받으셨고 곧 6학년 선생님께 따지셨다.

"래리는 아주 똑똑한 아이입니다. 작년에 제가 가르친 학생들 중에 가장 똑똑했지요. 더구나 정말 열심히 합니다. 래리한테 왜 그렇게 낮은 점수를 주는지 이해가 안 되는군요."

"래리가 A학점을 받을 만큼 잘하는 것 같지 않은데요."

6학년 담임 선생님이 반박하셨다. 누가 무슨 말을 하든 6학년 담임 선생님은 고집불통이셨다.

나는 선생님의 명백한 인종 차별에 대해 어머니께 불평했다. 어머니가 선생님께 말씀드리자 선생님은 펄쩍 뛰시며 자신은 어떤 편견도 없다고 강경하게 말씀하셨다.

이후에도 선생님은 계속해서 작문 숙제를 할 때마다 B나 C학점을 주었다. 나는 A학점을 받은 아이들 것보다 내 과제물이 훌륭하다는 것을 알고 있었다. 물론 그 아이들은 모두 백인이라는 사실도.

화를 내는 대신 어머니는 내가 받은 시험 점수를 계속 기록해두라고 말씀하셨다. 만약 선생님이 내가 얻은 점수만큼 학점을 주지 않는다면 적어도 증거를 가지고 따질 수는 있을 것이다.

그 뒤 나는 점수를 기록하기 시작했다. 선생님도 그 사실을 아셨다. 즉시 나의 학점은 A로 돌아갔다.

고등학생이 되자 육군 기지 밖에 있는 고등학교에 다녔다. 인종차별 없는 흑백 통합교육이 시작된 해였다. 하지만 그 후로도 나는 편견과 맞닥뜨렸다.

졸업반이 되었을 때 누가 졸업생 대표가 될 것인가를 놓고 아이들 사이에 이야기가 오갔다. 평균 점수가 가장 높은 학생이 되는 자리였다. 이상하게도 나에게 "네가 될 거라고 생각하니?" 하고 묻는 아이는 아무도 없었다. 아마 내가 점수를 이 사람 저 사람에게 떠들고 다니는 타입이 아니었기 때문일 것이다. 이야기를 들어보니 다른 아이들 이름이 거론되고 있었다. 나는 내 의견을 말하지는 않았다.

고등학교에서도 공부와 관련하여 불공평한 대우를 받은 경험이 있다. 딱 한 번 B학점을 받은 적이 있는데, 고등학교 2학년 때 영어 선생님이 주신 점수였다. 시험 점수를 계속 기록하고 있었으므로 당연히 A학점을 받을 것으로 예상했다. 더욱이 누가 보더라도 내가 반에서 제일 높은 점수였다.

B를 받은 뒤 선생님을 찾아가 받은 점수를 내밀며 공손하게 점수를 바꿔줄 것을 요청했다.

"네게 B를 준 건 수업에 적극적으로 참여하지 않았기 때문이다."

그렇지 않다는 것을 알고 있었으므로 내 의견을 밝혔다.

"게다가 나는 첫 학기에 누구한테도 A학점을 준 적이 없다."

"말도 안 돼요. 전 열심히 공부했고 A학점을 받을 만하다고요."

"그건 내가 판단할 일이다."

선생님은 이렇게 말씀하시면서 점수를 바꿔주지 않았다. 하지만 나는 좌절하지 않았다. 분노에 휩싸여 있기보다는 아버지가 말씀하신 대로 묵묵히 앞으로 나아갔다. 선생님이 나를 기만했다고 느꼈지만 의기소침한 것은 한순간뿐이었다.

고등학교 2학년이 시작되었을 때부터 나는 신중하게 점수가 높은 다른 아이들의 점수도 모두 기록했다. 때문에 내가 평균 점수가 가장 높은 학생이 될 가능성이 높다는 사실을 알고 있었다.

당시 나는 4점 만점에 평점 3.89점이었다. 어떤 아이도 이보다 높지는 않았다. 다른 아이들의 점수를 아는 것은 어렵지 않았다. 학기가 끝날 때마다 대부분의 학생들이 서로서로 점수를 공유한다. 나는 점수를 잘 받은 아이들이 말해준 것을 기록했다. 그러므로 누가 최고 점수를 받았는지는 물론 정확한 점수까지 알고 있었다. 당연히 내 점수도 꼼꼼히 기록했다. 내가 정당한 학점을 받는가를 확인하기 위해서였다.

같은 해 나는 학생 대표로 뽑혔다. '가장 성공할 것 같은 아이', '가장 신뢰할 수 있는 아이', '가장 다재다능한 아이'로도 뽑혔다. 워낙 성적이 좋았기 때문에 일부 아이들은 나를 '따분한 샌님'이라고 불렀다. 내가 온통 책과 공부에만 정신을 쏟았기 때문이다.

고등학교 때 여자 친구는 딱 한 명인데 그나마도 겨우 2주 동안이었다. 데이트를 한 적은 없지만 나도 그 아이를 좋아했고, 그 아이도 나를 좋아했다. 나에게는 그 정도면 여자 친구가 있었던 것으로 칠 수 있다.

가끔 나도 스스로 샌님 같다고 느끼곤 했다. 하지만 당시 프레드 형이 해준 말을 지금도 기억하고 있다. 내가 아이들의 평가에 대해 불평을 했을 때였다.

"아이들은 내가 샌님이라고 생각해. 파티에도 안 가고 여자 친구도 없으니까."

"그렇지 않아. 나는 네가 정말로 공부를 열심히 하는 똑똑한 아이라고 생각해. 오히려 너처럼 되었으면 하고 바라는걸."

형의 말에 나는 깜짝 놀랐다. 형은 나의 우상이었다. 그런 형이 나를 닮고 싶다고? 놀라지 않을 수 없었다.

당시는 형이 자신의 미래를 심각하게 고민하고 공부를 열심히 하기로 결심한 시점이기도 하다.


졸업을 몇 주 앞두고 교장 선생님이 성적이 가장 좋은 다섯 명을 교장실로 불렀다. 선생님은 높은 성적에 대한 치하의 말씀을 하시고, 우리가 무척 자랑스럽다고 하셨다. 그러고는 "오늘 졸업생 대표를 발표할 예정"이라고 덧붙이셨다.

교장 선생님이 주변의 아이들을 둘러보셨다. 나는 이미 다른 아이들의 성적을 알고 있었으므로 내 점수가 최고라는 걸 알고 있었다. 하지만 그런 내색을 하지 않으려고 애썼다. 그때 갑자기 두려운 생각이 머리를 스쳤다. 다시 인종 차별적인 편견에 맞닥뜨리는 건 아닐까? 교장 선생님이나 다른 선생님이 내 점수를 낮출 방법을 찾아낸 것은 아닐까? 교장 선생님이 발표를 하기까지 짧은 순간이지만 내 마음은 불안으로 부글부글 끓었다.

"이번 졸업생 중에 평점이 가장 높은 학생은 래리 콜먼 해리스다."

나는 빙그레 미소를 짓다가 소리 내어 웃었다. 아마 소리도 조금 지르지 않았나 싶다. 나는 목표를 정했고, 그 목표를 이루었다. 무엇보다 나를 둘러싼 편견에 대항할 수 있다는 걸 입증했다.

예일대학에 다닐 때 목표를 이루지 못할지도 모른다고 생각했던 시기가 있었다. 2학년 1학기에 물리 수업을 받았을 때다. 앞서 말한 대로 나는 물리에서 낙제를 했다. 하지만 내용을 몰라서가 아니었다. 그저 너무 긴장한 탓이었다.

당시 나는 시험을 대비해 공부를 하고 있었고 크리스마스 전에 시험을 치를 생각이었는데 교수님이 크리스마스 이전과 이후 중에 선택을 하라고 하셨다. 어리석게도 나는 크리스마스 이후에 시험을 보겠다고 했다. 크리스마스를 보내러 집으로 간 다음 잠시 동안 학교 수업과 시험에 대해 망각했다. 그것은 내 실수였다.

크리스마스 휴가를 마치고 학교로 돌아왔을 무렵에는 공부를 하지 않았으므로, 공부한 것들이 가물가물했다. 일부는 기억조차 나지 않았다. 게다가 시험에 어떤 내용이 나올지를 상당히 확신하고 있었기 때문에, 교수님이 질문할 것이라고 예상되는 부분만 공부했다. 이

것은 내 두 번째 실수였다.

하지만 하필이면 교수님은 내가 잊어버린 내용을 물으셨다. 좀 더 느긋한 마음으로 집중했더라면 시험에 통과했을 것이다. 높은 점수는 아니라도 어떻게든 통과는 했을 것이다. 그러나 결국 나는 낙제했다. 처음 받아본 낙제 점수에 절망했다. 더구나 겨우 2점 차이로 낙제한 것이었다.

의과대학을 가려면 물리학을 다시 들어야 했다. 마음대로 포기할 수 있는 그런 과목이 아니었다. 앞서 말한 것처럼 먼저 집에 전화를 했다. 어머니가 말씀하셨다.

"넌 할 수 있어. 세상이 끝난 것도 아니잖니. 오히려 중요한 것을 배운 거다."

내가 중도에 포기했다면 부모님은 화를 내셨을 것이다. 그리고 아마 "너무 쉽게 포기했다. 전쟁터에서 싸움을 포기한 군인하고 같은 꼴이야" 하고 말씀하셨을 것이다.

부모님은 우리가 꼭 대학에 가야 한다고 말씀하신 적은 없다. 하지만 무엇을 하기로 결심하든, 끈기 있게 매달리고 포기하지 말아야 한다고 가르치셨다.

물리 낙제로 인해 좌절감도 컸고, 내가 너무 못나고 어리석다는 생각도 들었다. 내가 예일대학 같은 데서 어울리지 않게 뭘 하고 있는 건가 싶기도 했다. 그러나 내가 포기하지 않았던 유일한 이유는 부모님 때문이었다.

언젠가 아버지가 말씀하셨다.

"열심히 노력했는데도 실패했다면 괜찮다. 하지만 최선을 다하지 않아서 실패하는 일은 없어야 한다."

나는 교수님을 찾아가 도움을 청했다.

"자네가 스터디 그룹에 들어왔더라면 도와줬겠지만……."

"교수님, 전 한 번도 스터디에 빠진 적이 없습니다."

"정말인가? 자네를 본 기억이 없는데."

그 말이 얼마나 속상하고 슬펐는지 모른다. 교수님이 거짓말을 하시는 건가? 아니면 인종 차별인가? 지금도 모르겠다.

어쨌든 교수님이 나를 본 적이 없다는 말은 믿을 수가 없었다. 스터디 진행 도중 최소한 두 번은 교수님께 질문도 했던 것을 생생하게 기억하고 있었다. 하지만 교수님은 계속 나를 본 적이 없다고 우기셨다.

보통 200명에서 300명이 한 수업을 들었다. 각각의 스터디 그룹은 20명에서 30명 정도로 구성되었고, 스터디 참여는 순전히 자유의지에 맡겨졌다. 자유이긴 했지만 나는 스터디가 나한테 꼭 필요하다고 생각해서 한 번도 빠진 적이 없었다. 스터디 그룹에서 가장 말을 많이 하는 학생은 아니었지만 스터디에 참여해 질문도 했다. 나는 그룹 내의 여느 아이들만큼은 적극적이었다.

하지만 교수님은 내가 기억나지 않는다고 주장하셨다. 인종 차별이라는 것 이외에는 다른 이유를 찾을 수가 없었고 상식적으로 납득도 되지 않았다.

아무튼 교수님은 점수 조정을 거절하셨다. 2점만 올려주면 낙제를 면할 수 있었는데도 말이다. 의대를 생각하고 있으므로 꼭 물리학 수업을 들어야 한다는 절실함도 충분히 설명했다.

"그건 내 알 바가 아니네."

결과적으로 나는 물리학 수업을 다시 들어야 했고, 두 번째는 다른 교수님에게서 들었다. 두 번째는 아무런 문제가 없었고 오히려 우수한 점수를 받았다. 그때부터 나는 예일을 포함해 다른 어떤 대학에서도 잘할 수 있다는 자신감을 얻었다.

고등학교를 다시 시작하는 기분으로 생활했다. 열심히 공부했고 그만큼 성적도 좋아졌다. 4학년 1학기를 마쳤을 즈음에는 전 과목 A 학점을 받았다. 두 번째 학기에는 한 과목만 B를 받고 모두 A를 받았다. 나는 다시 한 번 스스로의 능력을 입증했다.

처음 소아과 의사로 인턴 생활을 시작했을 때, 초등학교 1학년 때의 악몽을 떠올리게 하는 일이 일어났다. 병원에서 진료 준비를 하고 있는데 젊은 흑인 여성 두 명이 소곤대는 소리가 들렸다.

"우리 아이가 흑인 인턴한테 진료받는 일은 없었으면 좋겠어요. 백인 의사한테 진료받고 싶어요."

참담한 기분이었다. 같은 흑인조차도 백인 의사를 선호했다. 실제로 백인이 낫다고 생각하거나, 부지불식간에 백인이 낫다는 교육을 받으며 자랐기 때문이리라. 백인 아이가 흑인 아이보다 행실이 좋다고 말씀하시던 1학년 때 담임 선생님이 그렇게 원망스러울 수가 없었다.

나름대로 편견과 인종 차별을 겪은 미첼은 어머니가 하던 말씀을 특히 생생하게 기억하고 있다.

"머리를 꼿꼿이 들고 다녀라. 땅을 보고 다니지 마라. 넌 우리 집 아이니까 중요하고 대단한 사람이다."

미첼은 덧붙였다.

"인종 차별이 판치는 사회에서 자라는 내게는 그 말이 얼마나 중요했는지 몰라. 아버지가 군에 계신데도 기지에 있는 이발관에 가면 '흑인은 사절입니다'라는 말을 들어야 했잖아. '당신 같은 종족의 사람들 머리는 깎지 않습니다' 이렇게 말할 때도 있었어."

하지만 다행히 우리 형제들 중에 누구도 인종 차별의 덫에 빠지지 않았다. 부모님이 계속해서 긍정적인 말씀을 해주셨기 때문이다.

"네 자신을 자랑스럽게 생각하렴. 너는 우리 집 아이니까. 고개를 높이 들고 당당하게 다니면, 사람들이 너와 네 됨됨이를 존경할 것이다."

미첼은 또 부모님의 또 다른 철학을 기억했다. 실수를 했을 때 그 경험으로부터 배우는 것이 중요하다는 철학이다. 부모님은 뭔가 잘못하면 우리에게 벌을 내리셨는데 체벌이 끝나면 아버지는 이렇게 말씀하곤 하셨다.

"자, 이번 일에서 깨달은 것이 있을 게다. 배운 것들을 기억하고, 계속해라."

아버지는 또 이렇게 말씀하셨다.

"계속 밀고 나가라. 끈질기게 하면 어떤 장애도 극복할 수 있다."

미첼은 학교, 특히 대학교에서 그 철학이 유용했다고 말한다. 직장에 들어간 다음에도 마찬가지였다. 1977년 미첼이 처음 직장에 들어갔을 때 직장 내 미국 남동부 지역 담당 부서에는 흑인이 몇 명 없었다. 미첼은 상사가 자신이 팀에 들어온 것을 반기지 않는다는 걸 알았다.

상사가 동료들한테 나에 대한 험담을 하기 시작했어. 당연히 상사가 나를 곧 해고할 거란 소문이 나한테도 들려왔지. 어떤 일이 일어나더라도 아버지 말씀대로 꿋꿋이 나아가기로 마음먹었어. 1970년대와 1980년대 미국 회사에서 흑인이기 때문에 겪는 어려움은 생각보다 컸어. 회사에서 잘 해보려는 나에게 도움이 되기는 커녕 의욕만 꺾어놓았지. 하지만 힘들 때마다 아버지가 하시던 말씀이 귓가에 쟁쟁했어.

"멈추지 말고 계속 나아가라."

어머니가 하시던 말씀도 생각났지.

"계속해라. 너는 반드시 성공할 거야."

나는 부모님 말씀대로 했어. 계속 노력했지. 밀고 나가며 계속 나아갔어. 판매부장이 되겠다는 목표를 달성할 때까지.

결국 상사는 나를 해고하지 못했어. 오히려 본인은 다른 회사로 옮겼지만 나는 남아서 승진했지.

편견과 반대에 부딪힐 때면 오히려 굴하지 않고 똑바로 서서 자신의 가치를 보여 주어야 한다.

해마다 소아과 의사들은 연례 모임을 갖는다. 그럴 때면 제약 회사 대표들이 와서 약품 샘플을 주면서 자사 제품을 처방전에 써달라고 로비를 한다.

1990년 모임 때다. 소아과 의사들이 일렬로 서 있는데 제약 회사 대표들이 와서 선물 상자를 주었다. 한 사람이 나를 그냥 지나치자 내가 말했다.

"이보세요, 저한테는 안 주셨네요. 저도 소아과 의사입니다."

"아아, 미안합니다. 당신이 의사인지 몰랐어요. 음, 그러니까 못 보고 지나쳤습니다."

그건 말도 안 되는 일이었다. 그 사람은 내 왼쪽 사람을 지나서 내 오른쪽 사람한테로 곧장 갔다. 어떻게 나를 못 볼 수가 있겠는가?

내가 명찰을 가리키면서 말했다.

"봤죠? 제 이름 앞에 '의사'라고 써 있네요."

이 회의실 안에 있는 모든 사람이 의사 아니면 제약 회사 대표라는 것을 굳이 지적하진 않았다. 그러고는 말을 이었다.

"당신은 나를 일부러 지나쳤습니다. 제가 회의실 안에 있는 다른 의사들과 모습이 다르기 때문이에요."

"그건 아닙니다."

그 사람이 풀죽은 목소리로 말하더니 나에게 선물 상자를 내밀고 옆으로 갔다.

2년 뒤 연례 모임에 참석했을 때 한 백인 의사가 나에게 다가왔다.

"저를 모르겠지만 전 선생님을 압니다. 2년 전 그때, 선생님 뒤에서 있었으니까요."

그러고는 당시 제약 회사 대표 이야기를 꺼내며 이렇게 말했다.

"정말 옳은 일을 하셨습니다."

그렇다. 나도 내가 옳은 일을 했다고 생각한다. 이 역시 부모님께 배운 것이다. 나는 여느 사람들과 똑같은 소중한 존재라는 것을.

# 여전히 함께하는 가족

우리 가족은 거친 파도 속에서도 늘 함께했습니다. 1993년 가족 전체가 교회의 연례 캠프에 참석했습니다. 호텔에 계시기로 한 아버지를 제외하고 모두가 저녁 기도를 드리기 위해 캠프장으로 나왔습니다.

예배를 마치고 돌아갔을 때 깊은 슬픔 속에서 흐느끼는 소리가 들렸습니다. 부모님 방으로 들어가자 구슬프게 우는 프리다의 모습이 보였습니다.

아! 집안의 가장, 우리 아버지, 프레드 해리스 주니어가 운명하셨던 것입니다. 프리다가 처음 돌아가신 아버지를 발견했습니다. 아버지는 파킨슨병으로 오랫동안 고통을 받아오신 터였습니다.

크나큰 슬픔은 차치하고라도 나는 죄책감을 느꼈습니다. 왜 아버지와 함께 호텔에 남아 있지 않았던 걸까? 어쩌면 나는 의사니까, 아버지를 소생시킬 수 있었을지도 몰랐는데. 왜 하나님은 하필 우리가 교회 캠프에 와 있는 동안 이런 일이 일어나게 하신 걸까? 끊임없이 흐르는 눈물을 훔치며, 나만의 죄의식을 느끼며 그렇게 비탄에 잠겨 있었습니다.

그때 사자 같은 용맹함을 지녔으되 순결한 어린아이 같은 믿음을 겸비한 어머니가 입을 여셨습니다.

"괜찮다. 하나님이 모든 것을 알고 준비하시니까."

우리는 아버지를 잃은 슬픔을 이기고 살아갔습니다.


8개월 뒤인 1994년 4월 23일, 또 하나의 비극이 우리 가족에게 찾아왔습니다. 이 사건은 분명 어머니에게 더할 수 없는 충격이었을 것입니다. 나의 큰형, 프레드 해리스 3세가 비행기 추락 사고로 죽고만 것입니다.

정말 믿고 싶지 않았습니다. 어찌 보면 나는 어머니보다 힘든 시간을 보냈습니다. 내 곁에는 항상 프레드 형이 있어야 했습니다. 무엇보다도 형은 바로 위 형제였고, 나를 돌볼 책임이 있었습니다.

이번에도 어머니의 믿음은 확고하셨습니다. 어머니의 강인함은 남은 여덟 자식들에게 용기를 주기에 충분했습니다.

"괜찮을 거다. 프레드와 프레디(어머니는 아버지를 그렇게 불렀다)를 천국에서 다시 볼 거니까."

어머니가 워낙 확신을 가지고 말씀하셨기 때문에, 우리 중에 누구도 감히 의심을 품을 수 없었습니다. 우리를 기분 좋게 하려는 격려의 말이 아니었습니다. 확실한 믿음에서 나온 말이었습니다.

가끔 나는 교회에서 설교를 합니다. 한번은 우리 가족의 슬픔을 이렇게 표현했습니다.

"때로 삶이라는 폭풍우가 너무 거세서 도저히 극복할 수 없겠다는 생각이 들기도 합니다. 우리 가족은 모두 절망적인 상황에 맞닥뜨렸습니다. 여러분은 고혈압이 있습니까? 당뇨병은요? 백내장은요? 심장절개 수술이 필요한 심장병은 어떻습니까? 저는 그 모든 질병을 앓고 있습니다. 한 해에 아버지와 형을 동시에 잃어본 적이 있습니까? 저는 그랬습니다. 여러분의 문제는 무엇입니까? 직업을 잃을 상황입니까? 아니면 집을 잃을 상황입니까?

하나님은 누구에게도 시련과 고난을 면제해 주지 않습니다. 이승에서 사는 한 우리는 슬픔과 고통을 맛보아야 합니다. 질병과 사랑하는 사람들의 죽음에 직면해야 합니다.

이 세상에서 마주치는 삶의 폭풍우에 불만을 품어야 할까요? 왜 이런 폭풍우를 뚫고 나가야 하느냐고 불평해야 할까요? 아닙니다! 불평을 해서는 안 됩니다. 폭풍우를 통과하는 것이 죄악이라는 더 큰 재난 속에 갇혀 있는 것보다는 낫기 때문입니다."

형이 우리 곁을 떠나자 내가 집안의 맏이가 되었습니다.
나도 형만큼 훌륭한 맏이가 되고 싶습니다. 어쩌면 나는 형처럼 훌륭한 맏이가 되지는 못할지도 모릅니다. 하지만 항상 형에게 감사할 것입니다. 형은 나를 사랑했습니다. 형은 나를 가르쳤고 언제나 좋은 본보기가 되어주었습니다.

마지막으로 우리 형제들 모두가 하고 싶은 말이 있습니다. 우리가 세상에서 무엇을 이루든 부모님의 현명하고 자애로운 태도 덕분입니다. 부모님이 늘 가족을 중심에 놓고 생활하시면서 우리에게 올바른 길을 가르치셨기 때문입니다.

우리의 모든 성공은, 바로 부모님에게서 시작되었습니다.

# 나의 가장 친한 친구이자
# 소중한 가족에게

가족의 소중함에 대한 깨달음이 이 책을 집필하는 계기가 됐습니다. 처음 우리 가족 이야기를 해야겠다고 생각한 것은 10년 전쯤입니다. 부모님이 우리 아홉 형제를 세상에 보탬이 되는 일꾼으로 얼마나 훌륭하게 키웠는가를 생각하면 정말이지 놀랍습니다.

우리 형제자매를 낳고 길러주신 부모님 프레드 해리스와 루스 해리스께 이 책을 바칩니다. 균형 잡힌 통찰력으로 모범적인 가정을 꾸리고 우리 자식들을 훌륭하게 키워주신 분들입니다.

또한 큰형 프레드에게 이 책을 바칩니다. 형은 맏이로서 맨 먼저 부모님의 지혜를 배우고 실천하는 특권을 누렸던 축복받은 사람입니다. 손아래 나머지 형제들에게는 최초의 선생님이기도 했습니다. 형이 살아 있었다면 우리 가족 이야기를 글로 쓰는 데 누구보다 앞

장섰을 것입니다.

유능한 작가 세실 머피를 소개해 준,『하나님이 주신 손<sub>Gifted Hands</sub>』의 저자 벤 카슨 박사에게 감사의 마음을 전하고 싶습니다. 힘들어 포기하고 싶을 때도 있었지만 머피의 독려 덕분에 작업을 마칠 수 있었습니다. 세실의 도움과 재능, 나에 대한 신뢰에 감사합니다. 내 이야기를 믿고 확신을 가져준 베이커북하우스 출판사 식구들에게도 감사합니다.

격려해주고 도와준 어머니와 동생들에게도 감사의 마음을 전하고 싶습니다. 데보라, 마이클, 미쳴, 메이벌, 다이피어드, 프리다, 루스 모두모두 고맙습니다.

마지막으로 사랑하는 아내 베티와 두 아이 미쳴과 래리 주니어에게 고마운 마음을 전합니다. 나를 사랑으로 감싸주고 믿고 지지해준 소중한 가족입니다.

## 추천의 말

# 원칙이 일궈낸
# 놀라운 기적

얼마나 고무적이고 환영할 만한 책인지 모른다. 과거 미국이라는 나라의 발전에 기여했던 가족적인 가치들이 한꺼번에, 어떤 것은 공공연히, 어떤 것은 은근슬쩍 공격을 받는 시점에서 이 책은 숨통을 틔워주는 신선한 공기 같은 존재다.

저자는 금과옥조 같은 인생의 원칙들을 정확하게 이야기하고 있다. 부강하고 단결된 국가뿐 아니라 강하고 건설적인 가정을 이루는 데 없어서는 안 될 원칙들이다. 저자 래리 해리스는 예일대학교에서 3년 동안 필자와 방을 함께 썼던 절친한 친구이기도 하다.

무엇보다 미국 남부에서 성장한 대가족의 성공담을 읽는 재미가 쏠쏠하다. 환경과의 타협을 거부하고 가정의 원칙들을 꿋꿋이 따름으로써 그들이 이루어낸 성공은 거의 기적에 가깝다.

246

그러나 안타깝게도 오늘날의 사회는 정반대로 가고 있다. 성공으로 이끄는 원칙들을 폄하하거나 훼손시키고 있는 실정이다. 이런 삶의 방식은 성공뿐 아니라 행복도 가로막고 있다.

대학을 졸업한 지식인도 아니었고 넉넉한 살림살이를 갖고 있는 것도 아니었지만, 해리스 부부는 원칙을 일관성 있게 지키는 것만으로 자식의 존경을 한 몸에 받는 부모가 되었다. 자식들이 모두 석사이고 박사여서 그 부모가 훌륭한 게 아니라, 그런 사회적 성공을 할 수 있는 인격의 토양에 격려와 사랑을 쏟아 인격을 갖춘 아이로 키워냈기 때문에 훌륭한 것이다. 또한 해리스 부부가 지킨 14가지 인성교육 원칙은 그 가정이 성공할 수밖에 없었던 비결이다.

역사를 보면 한때 융성했던 많은 나라가 쇠퇴의 길을 걷곤 한다. 이와 같은 전철을 밟지 않으려면 해리스 부부 같은 부모가 많이 나와야 한다. 가정에서의 인성교육이 얼마나 중요한가를 알고 무엇보다 소중히 여기는, 그런 부모들 말이다.

**존스홉킨스 의과대학**
**소아신경외과 과장**
벤저민 S. 카슨 의학 박사

가난 속에서도 9남매를 명문대 석·박사로 키운
해리스 부부의 명품 인성교육

# 인성교육의 기적

**개정판 1쇄 발행** 2016년 3월 22일
**개정판 3쇄 발행** 2017년 12월 8일

**지은이** 래리 C. 해리스
**펴낸이** 김선식

**경영총괄** 김은영
**책임편집** 김수나  **책임마케터** 이보민, 기명리
**콘텐츠개발3팀장** 이상혁  **콘텐츠개발3팀** 윤세미, 심아경, 정민교, 박화수
**마케팅본부** 이주화, 정명찬, 이보민, 최혜령, 김선욱, 이승민, 이수인, 김은지, 배시영, 유미정, 기명리
**전략기획팀** 김상윤
**저작권팀** 최하나
**경영관리팀** 허대우, 권송이, 윤이경, 임해랑, 김재경, 한유현

**펴낸곳** 다산북스  **출판등록** 2005년 12월 23일 제313-2005-00277호
**주소** 경기도 파주시 회동길 357 3층
**전화** 02-702-1724(기획편집) 02-6217-1726(마케팅) 02-704-1724(경영관리)
**팩스** 02-703-2219  **이메일** dasanbooks@dasanbooks.com
**홈페이지** www.dasanbooks.com | teen.dasanbooks.com
**블로그** blog.naver.com/dasan_books
**종이** 한솔피엔에스  **출력·인쇄** 민언프린텍  **제본** 에스엘바인텍  **후가공** 평창 P&G

**ISBN** 979-11-306-0782-5 (03370)

## It All Starts at HOME

# 아이를 훌륭하게 키우는
# 14가지 인성교육 원칙

01 가족에 대한 자긍심을 갖게 하라

02 아이들에게 가르치고 싶은 것을 몸소 실천하라

03 어려운 때일수록 서로 격려하는 가족이 되어라

04 형제끼리 돌보며 책임감을 느끼게 하라

05 인생에서 가장 좋은 친구는 가족임을 알게 하라

06 어려운 사람을 돕고 항상 베푸는 모습을 보여라

07 어른을 공경하고 형제끼리 존중하게 하라

08 원칙을 지키는 것이 결국 이롭다는 것을 알게 하라

09 어떤 일인지 따지기보다 있는 자리에서 더욱 노력하게 하라

10 스스로 목표를 세우고 최선을 다할 수 있도록 격려하라

11 쉽게 포기하지 말고 계속 나아가게 하라

12 돈의 귀중함을 알게 하고 올바른 경제관념을 심어줘라

13 좋은 평판의 진정한 가치를 가르쳐라

14 세상의 편견에도 기죽지 않는 당당함을 갖게 하라